Cessons de maltraiter nos vieux!

ÉLISE RICHARD

CESSONS DE MALTRAITER NOS VIEUX !

éditions du
ROCHER

Éditions du Rocher
28, rue Comte Félix Gastaldi
BP 521 – 98015 Monaco

www.editionsdurocher.fr

ISBN : 978-2-268-10573-4
EAN : 9782268106403

Introduction

« Tante Germaine est morte ce matin, sans doute du coronavirus, mais on n'en est pas sûr. La direction de l'EHPAD n'a pas voulu la tester. Ils ont estimé qu'elle était trop âgée, donc condamnée de toute façon. » Nous sommes le 23 mars 2020. Mon père vient de m'apprendre que sa tante, dont il était très proche, est décédée dans la maison de retraite médicalisée où elle résidait depuis deux ans. La nouvelle est un choc. Tante Germaine, comme on l'appelait, avait 93 ans. Ancienne institutrice, elle était l'une des dernières personnes de sa génération encore en vie dans notre famille. Certes, Germaine était âgée, elle avait perdu l'usage de ses jambes et souffrait de troubles cognitifs, mais elle avait sans doute encore quelques années à vivre. L'annonce de sa disparition est brutale. Nous n'y étions pas préparés. La veille de son décès, une infirmière prévient pourtant son fils : « Votre maman n'est pas très bien, vous devriez passer la voir. » Exceptionnellement, celui-ci est autorisé à se rendre au chevet de sa mère, alors placée sous oxygène. Il la découvre dans un état comateux, visiblement sous sédatifs. « Un tableau horrible. Elle ne m'a même pas reconnu », nous confiera-t-il plus tard. À 11 h 25, le lendemain, Germaine s'éteint. Bien qu'elle souffrît de difficultés respiratoires, l'un

des principaux symptômes de la Covid-19, son certificat de décès fait étrangement état d'une mort naturelle. Quoi qu'il en soit, nous ne pouvons pas lui dire adieu. Confinement oblige, les mesures sont très strictes. Même ses enfants n'ont pas le droit de la voir une dernière fois avant la crémation. Germaine est incinérée sans aucune cérémonie. Au-delà de la violence que cela représente pour ses proches, il y a ce sentiment qu'on l'a tout simplement laissée mourir, sans rien avoir fait pour essayer de la sauver.

Germaine résidait en Bourgogne-Franche-Comté, l'une des régions les plus fortement touchées par l'épidémie dans notre pays. Les semaines qui suivent son décès, je découvre, sidérée, la terrible hécatombe qui sévit un peu partout en France dans les maisons de retraite médicalisées. Les résidents de ces EHPAD[1] y décèdent par dizaines, parfois dans l'indifférence la plus totale. Des morts qui, au départ, ne sont même pas comptabilisés officiellement. Lorsqu'enfin les chiffres tombent, ils ne cessent ensuite d'augmenter. Durant ce qu'on appellera plus tard « la première vague », c'est-à-dire entre le 1er mars et le 7 juillet 2020, près de 30 000 personnes décèdent des suites de la Covid-19. Près de la moitié d'entre elles, soit environ 14 000 personnes, résidait dans des établissements d'hébergement pour personnes âgées, principalement des EHPAD[2].

1. Établissement d'hébergement pour personnes âgées dépendantes.

2. Julien BOROWCZYK et Éric CIOTTI, *Rapport d'information sur l'impact, la gestion et les conséquences dans toutes ses dimensions de l'épidémie de Coronavirus-Covid-19*, enregistré à la présidence de l'Assemblée nationale le 2 décembre 2020, p. 197.

Aujourd'hui, les familles des victimes se posent des questions. Toutes les précautions ont-elles été prises pour protéger leurs proches âgés, beaucoup plus vulnérables face à ce virus ? Comment se fait-il que les soignants dans les maisons de retraite n'aient pas été équipés de masques dès le début de l'épidémie et que les tests n'aient pas été réalisés de manière systématique ? Pourquoi de nombreux résidents d'EHPAD n'ont-ils pas pu être hospitalisés ? Un « tri des malades » a-t-il été effectué sur le seul critère de l'âge ? Finalement, des vies auraient-elles pu être sauvées ?

Cette crise sanitaire a révélé violemment la manière dont nous traitons nos vieux, notamment les plus fragiles d'entre eux. Un scandale sur lequel j'ai commencé à enquêter il y a trois ans, dans le cadre d'un documentaire[3] diffusé en octobre 2018. Des mois durant, j'ai épluché d'innombrables études sur la vieillesse et la perte d'autonomie, j'ai visité des EHPAD et accompagné des services d'aide à domicile aux quatre coins de la France. J'ai recueilli le témoignage de soignants, d'auxiliaires de vie, de personnes âgées et de leurs proches aidants. Au cours de cette vaste enquête, j'ai découvert les failles de tout un système : cadences infernales, maltraitance institutionnelle, pénurie de personnel, embauche de soignants sans diplôme, ou encore véritable business aux dépens de nos aînés.

Depuis, rien n'a changé ou presque. La crise est passée par là, les rapports s'empilent, des aides et des primes ont

3. « Maisons de retraite, maintien à domicile : le scandale des personnes âgées maltraitées », *Zone Interdite*, M6, KM Presse, octobre 2018.

été versées, mais la fameuse loi « Grand âge et autonomie » promise depuis des années n'a cessé d'être repoussée[4]. Pourtant, il y a urgence à agir. Aujourd'hui, un peu plus de 2 millions de Français sont en perte d'autonomie[5], soit environ 12 % des personnes âgées de 60 ans et plus. Des Français qui ont besoin d'être accompagnés dans les actes de leur vie quotidienne : se laver, faire leurs courses, manger, se déplacer, etc. Selon les projections de la DRESS et de l'INSEE, leur nombre pourrait atteindre 3 millions en 2030 et même 4 millions d'ici 2050[6]. Ainsi, nous risquons tous, un jour, d'avoir besoin d'aide pour nos vieux jours. Quel accompagnement souhaitons-nous pour nos grands-parents, nos parents, nous-mêmes et nos enfants plus tard ?

L'épidémie de Covid-19 m'a donné envie d'approfondir mes investigations sur cette question qui nous concerne tous. Ce livre est le fruit de ce travail d'enquête, lancé il y a trois

---

4. À l'heure où j'achève l'écriture de ce livre, en juin 2021, le ministre des Solidarités et de la Santé, Olivier Véran, a indiqué que le projet de loi « Grand âge et autonomie », rebaptisé « Générations solidaires », pourrait être présenté dans le courant de l'été 2021 en conseil des ministres, afin d'être potentiellement examiné à la rentrée par le Parlement.

5. Selon une définition large de la perte d'autonomie, environ 1,4 million de personnes à domicile sont en perte d'autonomie (source : DREES, « Les personnes âgées dépendantes vivant à domicile en 2015 : Premiers résultats de l'enquête CARE-ménages », *Études et résultats,* n° 1029, 2017). Si l'on ajoute à ce chiffre les quelque 600 000 personnes résidant en EHPAD (source : INSEE, « Personnes âgées dépendantes », Tableau de l'économie française, *Insee références,* 2020), on atteint alors un peu plus de 2 millions de personnes.

6. DREES, « Perte d'autonomie : à pratiques inchangées, 108 000 seniors de plus seraient attendus en EHPAD d'ici à 2030. Projections de population âgée en perte d'autonomie selon le modèle Lieux de vie et autonomie (LIVIA) », *Études et Résultats,* n° 1172, décembre 2020.

ans, que j'ai enrichi et actualisé. Je précise que mon intention n'est pas de faire de « l'EHPAD *bashing* ». Elle n'est pas non plus de décourager celles et ceux qui souhaiteraient s'engager dans les métiers de l'accompagnement à la personne. Bien au contraire. Au-delà de dénoncer les carences du système, le but de cet ouvrage est aussi de mettre en lumière des alternatives aux maisons de retraite et au maintien à domicile, ainsi que des initiatives positives portées par les professionnels du secteur. Enfin et surtout, c'est un appel à changer le regard que nous portons sur nos aînés, trop souvent discriminés du fait de leur grand âge.

La crise sanitaire, révélatrice d'un système à bout de souffle

Un État désarmé et des maisons de retraite « abandonnées »

À l'heure où j'écris ces lignes, tout juste un an depuis l'apparition de l'épidémie, près de 90 000 personnes sont décédées de la Covid-19 dans notre pays, selon les chiffres de Santé Publique France. Près d'un tiers d'entre elles résidait dans des établissements sociaux et médico-sociaux, principalement dans des EHPAD. Derrière ces chiffres, ce sont des dizaines de milliers de personnes âgées qui sont mortes, souvent seules, et autant de familles meurtries, qui n'ont pas pu accompagner leur proche comme elles auraient souhaité le faire. Ce lourd bilan aurait-il pu être évité, ou du moins limité ? Il apparaît aujourd'hui que des défaillances ont eu lieu à plusieurs niveaux, ainsi que le démontrent deux récents rapports parlementaires particulièrement édifiants sur la gestion de la crise sanitaire[1]. Afin de mieux comprendre une partie des raisons de cette hécatombe, trois points me paraissent importants à développer.

Tout d'abord, la gestion des équipements de protection individuelle. Notre pays a souffert d'une importante pénurie de masques FFP2, début 2020, ainsi que le rapportent les députés Julien Borowczyk et Éric Ciotti : « alors que les stocks stratégiques de l'État[2] comportaient, jusqu'en 2014, plus de 300 millions d'unités de masques FFP2, destinés essentiellement à la protection des soignants, plusieurs millions de ces masques arrivés à péremption ont été détruits et non renouvelés après cette date, portant le stock à un niveau nul à la veille de la crise sanitaire[3]. » Quant au stock de masques chirurgicaux, il était également largement insuffisant pour faire face à une pandémie, comme le soulignent les deux députés : « le stock de masques chirurgicaux s'élevait à un milliard d'unités avant le début de la pandémie de grippe H1N1, il s'est stabilisé entre 730 et 760 millions d'unités jusqu'en 2018, avant de chuter brutalement autour de 100 millions d'unités disponibles et

1. Julien BOROWCZYK et Éric CIOTTI, *op. cit.,* 2020.
Alain MILON (prés.), Catherine DEROCHE, Bernard JOMIER et Sylvie VERMEILLET, *Rapport fait au nom de la commission d'enquête pour l'évaluation des politiques publiques face aux grandes pandémies à la lumière de la crise sanitaire de la Covid-19 et de sa gestion*, remis au président du Sénat le 8 décembre 2020.
2. Il s'agit des stocks acquis et gérés par l'État pour maintenir une capacité d'intervention en relais des stocks tactiques si nécessaire. Ces équipements, gérés par l'EPRUS depuis 2007, puis par Santé publique France depuis 2016, sont positionnés sur une plateforme de stockage nationale ainsi que sur des plateformes zonales.
3. Julien BOROWCZYK et Éric CIOTTI, *op. cit.,* 2020, p. 32.

utilisables (hors masques périmés et non conformes) en 2019 et 2020[4]. » Selon la commission d'enquête du Sénat, présidée par Alain Milon, « cette pénurie est la conséquence directe de la décision, prise en 2018 par le directeur général de la santé, de ne pas renouveler le stock de masques chirurgicaux [...] et de choix faits tout au long des années 2010 de ne pas renouveler les masques FFP2 devenus périmés[5] ».

Ainsi, même si certaines maisons de retraite avaient pu constituer des stocks de masques en prévision d'une épidémie de grippe, il ne fait aucun doute que la plupart des EHPAD étaient dépourvus de protections suffisantes au début de la crise sanitaire. « Pendant les premières semaines de mars, des pénuries ont été constatées pour équiper les malades et les personnels de ces établissements. [...] Ce problème est particulièrement aigu dans la mesure où, d'une part, les personnes âgées sont une cible extrêmement vulnérable au risque d'infection au coronavirus Sars-CoV-2, et d'autre part l'hébergement en établissement réunit toutes les conditions pour qu'un virus fortement contagieux et se présentant sous des formes cliniques atypiques y entraîne des catastrophes », soulignent les députés. Ils ajoutent : « Les directeurs d'établissements ont parfois été contraints de réduire les horaires de travail de leurs personnels pour limiter l'utilisation de masques, alors même que la situation épidémique devenait de plus en plus critique[6]. » Cette pénurie de masques a donc incontestablement participé à la propagation du virus dans les maisons de retraite.

4. *Ibid.*, p. 36.
5. Alain Milon (prés.), *op. cit.*, 2020, p. 72.
6. Julien Borowczyk et Éric Ciotti, *op. cit.*, 2020, p. 202.

Deuxième manquement : le retard pris dans la détection du virus. La commission d'enquête du Sénat rappelle qu'« eu égard à la dangerosité du virus pour les plus âgés, la priorité aurait dû être tôt mise sur la détection précoce et systématique du virus dans les établissements[7] ». Elle déplore que cette exigence de dépistage massif ne soit apparue que tardivement, à partir du 21 mars, et de manière trop restrictive au départ, ne permettant pas toujours aux établissements de dépister les personnes atteintes de la Covid-19 et de les isoler.

Enfin, la saturation des hôpitaux durant la première vague de la crise sanitaire a possiblement empêché certaines personnes âgées d'être hospitalisées, *a fortiori* dans les régions les plus touchées par l'épidémie. C'est en tout cas ce que suggèrent Julien Borowczyk et Éric Ciotti dans leur rapport : « Il n'y a pas eu de doctrine ministérielle ou régionale officielle recommandant d'opérer une régulation fondée sur l'âge, pour l'accès en services de réanimation, mais la baisse de la part des personnes âgées de plus de 75 ans admises dans ces services au pic de la crise sanitaire, pose cependant question[8]. » Ainsi, les deux députés observent qu'au niveau national, « la part de patients âgés de plus de 75 ans sur l'ensemble des personnes admises en réanimation est passée de 24 % au début du mois de mars à seulement 14 % lors de la semaine du 30 mars au 5 avril (période du pic de l'épidémie), avant de se stabiliser à environ 17 % (10 à 20 % selon les régions) ». Même s'il n'existe aucune preuve avérée d'un éventuel « tri des malades » fondé sur le critère de l'âge, les députés soulignent

7. Alain Milon (prés.), *op. cit.*, 2020, p. 210.
8. Julien Borowczyk et Éric Ciotti, *op. cit.*, 2020, p. 168.

que « des directeurs d'établissements ont également signalé s'être parfois vu refuser l'accès à l'hôpital pour leurs résidents, dans le contexte de saturation des capacités. […] Parmi les explications potentielles à ces refus, figure la possibilité que les personnes résidentes en EHPAD accompagnées par un médecin coordonnateur n'aient pas été considérées prioritaires dans la mesure où elles pouvaient bénéficier d'un accompagnement médical en établissement[9]. » Un constat partagé par la commission d'enquête du Sénat, qui fait état d'une diversité de points de vue sur cette question épineuse du « tri des malades ». Parmi les témoignages recueillis, celui de Christophe Prudhomme – porte-parole de l'association des médecins urgentistes de France – est particulièrement éloquent : « Dans un premier temps, nous avons dû freiner la prise en charge des patients en EHPAD parce que nous n'avions pas assez de lits de réanimation. Ce retard à la prise en charge est grevé d'une surmortalité[10]. » Des propos corroborés par ceux du Dr Pascal Meyvaert[11], médecin coordonnateur dans deux EHPAD du Bas-Rhin : « En Alsace, le 13 mars, le service d'accueil des urgences, arrivant à saturation, nous a signalé qu'il devrait faire des choix en fonction du niveau de dépendance […] Au bout d'un moment, on avait tellement l'habitude qu'on nous refuse des patients qu'on pensait à peine à appeler le SAMU[12]. »

9. *Ibid.*, p. 163.
10. Alain MILON (prés.), *op. cit.*, 2020, p. 230.
11. Le Dr Pascal Meyvaert est médecin coordonnateur en EHPAD et médecin généraliste à Gerstheim dans le Bas-Rhin. Il a tenu un journal de bord durant la première vague de la crise sanitaire pour alerter sur le manque de moyens dont disposaient les maisons de retraite pour faire face à une telle épidémie.
12. Alain MILON (prés.), *op. cit.*, 2020, p. 231.

Dépourvus de masques et de tests en nombre suffisant, leurs résidents n'étant souvent pas jugés prioritaires pour être hospitalisés, les EHPAD ont donc dû se débrouiller comme ils le pouvaient. Beaucoup ont eu le sentiment d'être « abandonnés ». Évidemment, toutes les directions n'ont pas réagi de façon identique face à cette crise inédite.

Certaines ont pris des mesures rapidement afin de limiter au maximum les risques, sans attendre les préconisations du gouvernement. C'est le cas à l'EHPAD Les Prés de Lys, situé dans le Pas-de-Calais et géré par l'association à but non lucratif La Vie active. Son directeur, David Danel, me raconte avoir vécu la semaine du 11 mars comme « la semaine la plus intense de [s]a vie ». « Il a fallu prendre des décisions très vite et tout réinventer. Les 15 premiers jours de mars, par exemple, nous n'avions pas de masques chirurgicaux. D'ailleurs, au départ, l'ARS nous disait que s'il n'y avait pas de cas de Covid, on n'avait pas besoin de masques ! Malgré tout, j'ai tout de suite fait fabriquer des masques en tissu par l'ESAT[13] de l'association La Vie active pour que les salariés puissent en avoir et éviter d'être contaminés et de contaminer les résidents. J'ai aussi alerté le personnel sur l'importance du respect des gestes barrières. » Résultat : aucun salarié ni résident n'a été contaminé par le virus dans son établissement durant la première vague. Mais le directeur le reconnaît, le respect du protocole sanitaire ne fait pas tout. Il a aussi bénéficié d'un facteur chance indéniable, sa région étant par ailleurs moins touchée par l'épidémie à cette époque.

13. Établissement et service d'aide par le travail. Il s'agit d'un établissement médico-social de travail protégé, réservé aux personnes en situation de handicap et visant leur insertion ou réinsertion sociale et professionnelle.

D'autres maisons de retraite ont eu beaucoup moins de chance, ou ont peut-être fait preuve – pour une partie d'entre elles – de plus de négligence. Le Dr Pascal Meyvaert en a fait la triste expérience. « Dès la première semaine de mars, j'ai donné les mêmes consignes aux deux EHPAD où je travaillais comme médecin coordonnateur : fermer les portes de l'établissement, confiner les résidents dans leur chambre et stopper toutes les activités communes. Malheureusement, les deux directions n'ont pas réagi de la même manière. L'une a appliqué ces mesures aussitôt, recrutant même du personnel supplémentaire, l'autre a maintenu les repas en commun et les activités collectives », déplore le médecin. « Là où les mesures ont été suivies, il n'y a eu aucun cas de Covid ; dans l'autre établissement, en revanche, le virus s'est rapidement répandu et la situation est devenue ingérable. »

En effet, une fois le virus entré dans l'établissement, il s'est souvent avéré très difficile de limiter sa propagation et ce malgré tous les moyens mis en œuvre. Car les maisons de retraite n'étaient tout simplement pas armées pour faire face à une telle crise, ainsi que me l'explique le Dr Meyvaert : « Dans l'établissement qui a été touché par le virus, nous n'avions pas assez de personnel ni de matériel pour prendre en charge correctement les résidents malades. Pour les personnes qui étaient en détresse respiratoire, par exemple, il leur fallait de l'oxygène. Or nous n'avions à notre disposition que trois concentrateurs[14] et leur débit était limité. On a dû faire face à des choix cornéliens, du type : est-ce que j'enlève de l'oxygène à l'un pour en donner à l'autre ? Et une fois

14. Appareil médical permettant de concentrer l'oxygène de l'air ambiant.

qu'on a compris qu'on ne pourrait pas sauver tout le monde, le plus important était de pouvoir accompagner dignement les personnes en fin de vie et de faire en sorte qu'elles ne souffrent pas. Sauf que, là encore, on manquait de moyens. Les sédatifs qu'on était alors autorisés à utiliser étaient en rupture de stock. On s'est retrouvés dans des situations terribles. Être face à quelqu'un qui manque d'air, qui est en train de s'asphyxier et ne rien pouvoir faire à part lui tenir la main, c'est vraiment affreux. J'ai eu l'impression d'assister à une noyade. » En l'espace de 10 jours, une dizaine de résidents décède. Le médecin me dit être encore très marqué par ce qu'il a vécu : « Des décès dans ces conditions-là, je n'avais jamais vu ça et j'espère ne jamais le revoir. »

Afin d'alerter sur le manque de moyens dont disposaient les EHPAD au début de la crise sanitaire, le Dr Meyvaert a tenu un journal de bord[15] qu'il a publié dans *Le Journal du médecin coordonnateur*. Le 2 avril 2020, il écrit notamment : « Ce virus frappe bien souvent là où on ne l'attend pas. Une personne est infectée, elle tousse faiblement et quelques heures plus tard elle n'est plus là. Ce phénomène génère un vrai sentiment d'impuissance chez nos personnels avec l'impression d'être totalement abandonnés, sans compter la peur que les familles ne comprennent pas ces disparitions aussi brusques. » À ce sentiment d'abandon et d'impuissance s'ajoutent chaque jour des ordres et des contre-ordres, parfois incompréhensibles. « Les instructions contradictoires du gouvernement pour la gestion de corps ne nous aident pas. L'ordre était le suivant : d'abord il faut

15. Dr Pascal Meyvaert, « Chaque journée qui s'achève est un soulagement… », Journal de bord publié dans *Le Journal du médecin coordonnateur*, avril 2020.

prendre des précautions drastiques et mettre en bière au plus vite le corps en raison de la charge virale, sans donner la possibilité aux proches de voir le corps ; ensuite il a été autorisé au personnel de l'EHPAD de s'occuper de la toilette mortuaire et aux proches de voir le corps, et deux jours plus tard ce n'est plus au personnel de l'EHPAD de prendre en charge le corps mais aux pompes funèbres et la famille peut voir la tête mais en restant à distance. À bien des égards, ces nouvelles instructions sont intenables. De notre côté, nous avons essayé, dans la mesure du possible, de prévenir en amont les familles et de proposer à un membre à la fois de venir dire adieu à leur proche, en se protégeant tant que possible. C'est bien la moindre des choses. »

À l'image de ce récit poignant, certaines maisons de retraite ont donc joué le jeu de la transparence en tenant informés les proches des résidents de l'évolution de l'épidémie, les invitant à venir faire un dernier adieu à leur proche. Mais d'autres ont préféré la loi du silence, plongeant les familles de victimes dans un profond désarroi.

Un deuil impossible

« On veut savoir ce qu'il s'est passé ! Comment a-t-il été contaminé ? Aurait-il pu être hospitalisé ? Et, surtout, dans quelles conditions est-il décédé ? » Ces questions, Charles-Antoine et Julien les ressassent depuis des mois. Lorsque je les rencontre en janvier 2021, les deux frères sont encore bouleversés du décès de leur père, Christian, survenu le 3 avril 2020. Atteint de la maladie de Parkinson, celui-ci était âgé de 71 ans et résidait depuis huit mois dans un EHPAD de l'Essonne, appartenant à l'un des plus grands groupes privés lucratifs. Neuf mois après, Charles-Antoine et Julien ne parviennent toujours pas à faire leur deuil. Et pour cause : ils n'ont pas pu accompagner leur père dans les derniers instants de sa vie, ni lui dire adieu.

Assis dans le salon, entourés des chats et des chiens de Julien, les deux frères me racontent la violente descente aux enfers qu'ils ont vécue lors de la première vague de la Covid-19 qui a emporté leur père. « La dernière fois que je l'ai vu, c'était le 29 février 2020, se souvient Charles-Antoine. Il se portait très bien. » Quelques jours plus tard, en application du plan bleu[16] déclenché dans les EHPAD, l'établissement ferme ses portes aux familles. Les visites sont désormais interdites. « Au départ, on n'était pas particulièrement inquiets, raconte Julien. La direction était très rassurante et nous envoyait régulièrement des e-mails pour nous dire qu'il n'y avait aucun cas de Covid dans l'établissement. » Mi-mars, alors que la France entière se confine, les résidents, eux aussi, ont désormais pour consigne de rester dans leur chambre. Puis, subitement, le 22 mars, les deux frères reçoivent un nouveau courriel les informant que le médecin coordonnateur de l'établissement est positif à la Covid-19 et que deux résidents présentent des symptômes. La direction assure aux familles que tout le personnel est équipé de gants, de masques et de blouses et qu'il respecte les mesures barrières. « À partir

16. Le plan bleu est un plan de gestion de crise permettant à l'établissement hébergeant des personnes âgées ou handicapées la mise en œuvre rapide et cohérente des moyens indispensables et une organisation opérationnelle pour faire face efficacement à une situation sanitaire exceptionnelle, quelle qu'en soit sa nature.

de ce moment-là, j'ai eu de grandes difficultés à joindre mon père sur son portable, explique Charles-Antoine. J'ai même dû faire installer une ligne fixe dans sa chambre, mais il ne répondait pas non plus. » Ce n'est que le 30 mars qu'il parvient enfin à avoir son père en ligne. « Au son de sa voix, je l'ai senti très fatigué et affaibli. J'avais du mal à comprendre ce qu'il me disait. Mais l'infirmière m'a alors affirmé qu'il allait très bien. » Charles-Antoine raccroche, quelque peu rassuré. Le lendemain, Julien vient apporter des gâteaux à son père. Comme il n'a pas le droit de pénétrer à l'intérieur de l'établissement, il les confie au responsable d'hébergement. « Il m'a informé qu'un résident testé positif à la Covid était décédé, mais qu'ils géraient la situation et que tout allait bien. » Pourtant, trois jours plus tard, les deux frères apprennent que leur père vient de décéder d'un arrêt cardiaque, suite à une complication pulmonaire. « On m'a dit que son état s'était subitement dégradé la veille, raconte Charles-Antoine. J'étais sidéré. »

À l'immense chagrin vient s'ajouter un sentiment de colère. D'autant que, dans le dossier médical qu'il a récupéré, il a découvert que quelques jours avant sa mort son père ne s'alimentait plus. « Pourquoi la direction ne nous a-t-elle pas appelés aussitôt ? Si on avait su qu'il déclinait, on aurait peut-être pu le faire hospitaliser ou au moins venir lui dire au revoir, lui parler. Il a dû se dire qu'on l'avait abandonné. Je leur en veux terriblement ! » Lui et son frère ont le sentiment que la direction leur a délibérément dissimulé la gravité de la situation. « Lors de l'enterrement, les pompes funèbres nous ont appris qu'il y avait eu une quinzaine de morts dans cet EHPAD la semaine précédente, alors que nous n'étions informés que d'un seul décès ! Pourquoi ne pas avoir prévenu les familles ? s'interroge Julien. Qu'avaient-ils à cacher ? Était-ce pour préserver la réputation de l'établissement ? Avaient-ils des consignes ? » Les deux frères ne savent pas s'ils auront un jour des réponses à leurs questions, mais ils ont décidé de déposer plainte contre l'EHPAD qui hébergeait leur père, la direction du groupe et l'Agence régionale de Santé d'Île-de-France pour non-assistance à personne en danger et homicide involontaire. Au total, 21 personnes sur 88 sont décédées dans cet établissement lors de la première vague de l'épidémie, soit près d'un quart des résidents.

En Seine-Saint-Denis, dans un EHPAD géré par un autre grand groupe privé lucratif, ce sont plus d'un tiers des résidents qui sont morts au printemps 2020. Parmi eux, William, 77 ans, et Denise, 93 ans. Leurs familles ont, elles aussi, porté plainte contre X pour homicide involontaire, mise en danger de la vie d'autrui et non-assistance à personne en danger. Et, là encore, c'est le défaut de communication et de transparence qui a motivé en grande partie leur plainte. « Durant le confinement, je demandais des nouvelles de mon mari tous les jours, raconte Monique, l'épouse de William. Le 17 mars, j'ai appris qu'il avait de la fièvre. Quelques jours plus tard, on m'a informée qu'il avait été testé positif à la Covid-19, mais que son état était stable et que tout allait bien. Et, subitement, le 24 mars, une infirmière m'indique que son état n'est pas terrible, qu'il est placé sous oxygène et sous perfusion. Je demande aussitôt à parler à la directrice, elle me dit : "Madame ne vous inquiétez pas. Aujourd'hui, il est branché, mais cela ne veut pas dire que demain il le sera aussi." Je lui réponds : "Comment ça, ne pas m'inquiéter ? Je ne comprends pas !" Mais elle refuse de m'en dire plus.

Et le lendemain, tenez-vous bien, elle me rappelle en me disant de but en blanc : “Madame, vous êtes assise ? Je veux vous dire que votre mari nous a quittés ce matin.” Non mais vous vous rendez compte de la violence de l'annonce ? J'étais folle de rage ! Pourquoi ne m'a-t-on pas dit la veille que son pronostic vital était engagé ? Aujourd'hui encore, je n'arrive pas à accepter la manière dont les choses se sont passées. »

Une salariée de cet EHPAD m'affirme avoir eu pour consigne de « mentir aux familles ». « Alors que certains résidents tremblaient de douleur et de fièvre, on nous obligeait à dire à leurs proches que tout allait bien, assure-t-elle. La directrice m'a même menacée de me virer si je parlais. Beaucoup de personnes sont mortes dans mes bras, sans leurs proches. C'est inhumain ce qu'il s'est passé ! » ajoute-t-elle, des sanglots dans la voix.

Les enfants de Denise ne parviennent pas, eux non plus, à digérer « le manque de transparence et d'empathie » dont a fait preuve la direction de la maison de retraite, selon eux. « Au début de la crise, on ne nous donnait pratiquement aucune information. On ne savait pas s'il y avait des personnes porteuses du virus dans l'établissement, raconte Philippe, l'un des fils de Denise. Ce n'est que le 26 mars qu'on a été officiellement informés de cas positifs à la Covid-19. Mais à ce moment-là, il y avait déjà eu une dizaine de décès ! » Philippe et ses frères et sœurs sont tout de même mis au courant de la dégradation de l'état de santé de leur mère début avril. Mais il est déjà trop tard. « On nous a dit qu'elle était en fin de vie et qu'elle allait être placée sous morphine pour éviter qu'elle souffre, se souvient-il. J'ai été autorisé à venir la voir le 6 avril. Lorsque je suis arrivé, je me suis équipé comme un cosmonaute. Un silence de mort régnait dans les couloirs. Ma mère était dans son lit, la tête relevée et les yeux clos, dans une position prostrée. Elle était sous assistance respiratoire et n'était pas consciente, je ne sais même pas si elle m'a reconnu. » Denise décède quelques heures plus tard. Un test avait été réalisé la veille, mais le prélèvement n'a pas été envoyé au laboratoire. Un doute subsiste donc quant à la cause de son décès. « Le comble, c'est lorsque nous sommes allés récupérer ses affaires, poursuit Catherine, la sœur de Philippe. Ils nous les ont déposées dans des sacs-poubelles sur le trottoir. J'étais sous le choc, c'était épouvantable ! Je sais qu'avec la Covid-19 il y avait des mesures sanitaires à respecter, mais tout de même, ils auraient pu faire preuve d'un peu plus d'humanité ! » Catherine s'interrompt, les yeux baignés de larmes. Sa douleur est encore vive. « Je ne serai apaisée que lorsque je saurai ce qu'il s'est réellement passé durant les derniers jours de ma mère. Je pense, hélas ! qu'ils n'ont rien fait pour tenter de la sauver. »

Ce sentiment qu'on a sacrifié son parent âgé, Philippe B. le ressent aussi. Sa mère, atteinte d'une maladie neurodégénérative, résidait dans un EHPAD privé associatif à Nancy. Elle est décédée de la Covid-19 le 11 avril 2020. « On m'a appelé quelques jours avant pour m'informer qu'elle était positive au test. La cadre de santé m'a dit qu'elle lui administrait un sédatif, qu'ils faisaient le maximum, mais que ma mère était en fin de vie. Cet appel m'a fait l'effet d'une sentence de mort. Pour eux, elle était déjà condamnée, on n'a même pas cherché à la faire hospitaliser, ni à la soigner. Certes, ma mère était âgée de 82 ans, elle devait mourir un jour ou l'autre, mais elle ne méritait pas de mourir toute seule, sans ses enfants auprès d'elle. Je vis cela comme un abandon criminel ! Et je m'en veux terriblement de ne pas avoir osé braver les interdits et de ne pas avoir insisté pour la voir avant qu'elle parte. » La douleur est d'autant plus violente pour Philippe qu'il n'a pas pu constater le décès, ni même voir le visage de sa mère avant l'enterrement. « Nous n'étions que sept lors des obsèques, il n'y a pas eu de cérémonie, ça a duré à peine 15 minutes, c'était vraiment triste. Les croque-morts ont soulevé le cercueil et l'ont placé dans la tombe. Terminé. Je n'arrive pas à faire le deuil, il manque une étape. »

Ce deuil impossible laissera sans doute des traces, ainsi que le souligne la psychologue et écrivaine Marie de Hennezel dans son livre, *L'Adieu interdit :* « J'ai toujours pensé que mourir était un acte, le dernier de notre vie, et que cet acte était un accomplissement et une transmission. C'est ce dernier acte qui n'a pas été respecté, pendant le confinement, pour tant de personnes qui sont mortes seules, sans personne à leurs côtés. Les au revoir, les adieux n'ont pas eu lieu. [...] On a volé leur mort aux mourants, mais on a volé aux vivants un moment essentiel de leur vie, une expérience qui, de l'avis de tous ceux qui l'ont vécue, rend plus généreux et plus humain[17]. » Selon la psychologue, cette interdiction de venir dire au revoir à son proche mourant n'avait pas de fondement juridique et ne devait donc pas être respectée de manière intangible par les directeurs d'EHPAD : « Une visite à une personne sur le point de mourir entrait dans le champ des exceptions prévues, notamment en cas de motif familial impérieux. Il relevait donc de la conscience

17. Marie de Hennezel, *L'Adieu interdit,* Plon, 2020, p. 63.

éthique du responsable d'établissement de faire "du cas par cas". C'est d'ailleurs ce que beaucoup ont fait. Mais d'autres ont eu peur, et leur refus de laisser entrer un proche pour un dernier adieu relève d'une faute éthique[18]. »

Des dysfonctionnements préexistants

Pour porter la voix de ces familles endeuillées, une association a été créée : le collectif 9471. Son nom fait référence au nombre de morts de la Covid-19 recensés dans les EHPAD le jour de sa création, le 5 mai 2020. À l'origine de cette association : Arnaud Noyer et la journaliste Olivia Mokiejewski, qui ont chacun perdu leur grand-mère durant la première vague de l'épidémie. « Très vite, avec Arnaud, on s'est rendu compte qu'énormément de personnes vivaient la même horreur que nous, me raconte Olivia Mokiejewski. Beaucoup de familles n'arrivaient pas à avoir des nouvelles de leur parent, certains EHPAD refusant de communiquer. Lorsqu'elles ont appris la mort de leur proche, parfois de manière extrêmement brutale, certaines personnes se sont retrouvées dans un état de stress post-traumatique. Au départ, on voulait surtout leur apporter du soutien psychologique, ainsi que des conseils sur le plan juridique. »

Aujourd'hui, le collectif 9471 rassemble plus de 300 familles. Son objectif : défendre la mémoire de ces personnes âgées décédées dans le huis clos des maisons de retraite, mais aussi rompre la loi du silence. « Beaucoup d'entre nous ont décidé de porter plainte, car nous avons besoin d'une

18. *Ibid.*, p. 121.

reconnaissance de notre statut de victime pour pouvoir faire notre deuil, explique Olivia. Surtout, on ne veut pas que tous ces morts soient oubliés. Pour nous, il s'agit d'un scandale de santé publique, comparable à celui du sang contaminé ! Il est évident qu'il y a eu des défaillances à tous les niveaux. Et ce qui ressort, parmi tous les témoignages qu'on a collectés, c'est que la crise sanitaire n'a fait qu'aggraver des dysfonctionnements préexistants dans ces maisons de retraite. »

Une conviction partagée par Maître Fabien Arakelian, qui défend une grande partie des membres du collectif 9471. Cet avocat du barreau des Hauts-de-Seine m'accueille dans son bureau à Levallois-Perret. « J'ai moi-même perdu mon grand-père il y a quelque temps, me confie-t-il. J'ai heureusement pu l'accompagner durant ses derniers jours. Et je mesure, aujourd'hui, la chance que j'ai eue de pouvoir le faire. Ce qu'ont vécu ces familles, privées de ce dernier adieu, est absolument épouvantable. » Très touché par leur détresse, l'avocat a décidé de les accompagner dans leur combat judiciaire. « Le problème est qu'il n'y a pas toujours suffisamment de preuves, explique-t-il. Je suis obligé de faire le tri et de ne retenir que les dossiers qui ont des chances d'aboutir. J'ai déjà déposé une cinquantaine de plaintes contre X pour mise en danger de la vie d'autrui, non-assistance à personne en danger et homicide involontaire. Pour l'instant, seulement trois d'entre elles ont donné lieu à une ouverture d'information judiciaire, les autres font encore l'objet d'une enquête préliminaire. » Dans chaque dossier qu'il défend, Maître Arakelian dit retrouver le même type de problématiques. « D'abord la chape de plomb et la loi du silence, empêchant les familles d'être informées de l'état de santé de leur proche et donc de pouvoir l'exfiltrer. Ensuite, le manque de protection du personnel et l'absence, parfois criante, de gestes barrières. Enfin, dans pratiquement tous les cas, on s'aperçoit que les établissements qui font l'objet d'une plainte étaient défaillants bien avant la crise, cumulant des problèmes de sous-effectifs et d'absences non remplacées, ainsi que des difficultés de management ou de turn-over au niveau de la direction », résume Maître Arakelian. Et d'ajouter : « Si vous cherchez un exemple de tout ce qu'il ne fallait pas faire, c'est à La Rosemontoise qu'il faut aller ! »

La Rosemontoise : « un vaisseau seul en perdition dans la tempête »

La Rosemontoise. Le nom m'est familier. Au début du printemps 2020, cet EHPAD situé à Valdoie, près de Belfort, fait la une des quotidiens régionaux. En l'espace de quelques semaines, 30 résidents y décèdent de la Covid-19, ainsi qu'une aide-soignante : Patricia Boulak, 53 ans. Une information judiciaire a rapidement été ouverte par le parquet de Belfort. « J'espère que l'enquête permettra de déterminer les responsabilités de chacun dans la mort de Patricia, me confie Laurence Boulak, l'une de ses sœurs. Mais ce qui est sûr, c'est qu'il existait de nombreux dysfonctionnements dans cet EHPAD. La crise les a révélés au grand jour, mais ma sœur et ses collègues les dénonçaient déjà bien avant. Malheureusement, elles n'ont pas été écoutées… »

Patricia travaillait depuis 31 ans à La Rosemontoise. Elle était la doyenne des salariés de l'EHPAD. « Elle a commencé comme veilleuse de nuit, puis a passé son diplôme pour devenir aide-soignante, raconte Laurence. Elle adorait son travail. Elle n'avait ni conjoint, ni enfant, alors forcément, cette maison de retraite c'était toute sa vie. Elle me parlait tout le temps de ses résidents, ses papis-mamies, comme elle les appelait. Elle était très attachée à eux. » À sa sœur, Patricia confie aussi ses états d'âme et les soucis qu'elle rencontre. « Patricia se plaignait de plus en plus de ses conditions de travail. Il y avait beaucoup d'absences et de turn-over dans les équipes. Elle était sans cesse rappelée sur ses jours de repos. Comme elle était célibataire et qu'elle n'avait pas d'enfant, elle y allait. Mais les absences n'étaient pas toujours remplacées. Je me rappelle qu'un jour, elle était vraiment en pétard : deux de ses collègues étaient malades et elle s'est retrouvée toute seule pour s'occuper de tous les résidents de son unité. Elle me disait : "Je n'ai pas appris à travailler comme ça, mais là, je deviens maltraitante malgré moi. On n'a pas le temps de donner les douches aux résidents, pas le temps de leur donner à manger, alors on les gave !" La dernière année, j'avais vraiment l'impression qu'elle allait au travail à contrecœur. Elle était épuisée, découragée. » Patricia et ses collègues alertent à plusieurs reprises la direction de l'EHPAD sur leurs conditions de travail dégradées dues, notamment, aux absences non remplacées ainsi qu'à des problèmes de management.

Des dysfonctionnements dont se plaignent également les familles des résidents. Parmi elles, Geneviève Chovrelat, ancienne présidente du Conseil de Vie Sociale (CVS) de la Rosemontoise. Sa mère a été hébergée dans cette maison de retraite de 2011 à 2019. Très vite, lors de ses visites, Geneviève se rend compte que l'accompagnement n'est pas à la hauteur des besoins élémentaires des personnes âgées. Une situation qui se dégrade au fil des ans, selon elle : « Faute de personnel suffisant, ma mère n'était pas toujours changée. Elle avait besoin d'être accompagnée pour manger, mais les aides-soignants avaient très peu de temps pour le faire. Alors, avec mon frère, on se relayait tous les jours pour aller la voir, la changer, lui apporter à manger et l'aider à prendre ses repas. On voulait être sûrs qu'elle soit nourrie correctement. Au-delà du manque de personnel, tout était prétexte aux économies : il n'y avait rien pour piler les médicaments, même pas de thermomètre, et la distribution des protections était contingentée. J'en achetais donc de mon côté pour les apporter à ma mère. »

À ce manque de moyens vient s'ajouter la défaillance des équipes encadrantes. « Début 2020, il n'y avait plus de cadre de santé chargé de coordonner les soins, le poste ne devait pas être pourvu avant avril, nous disait-on, et la directrice adjointe était en arrêt maladie », s'indigne Geneviève. Très inquiète, elle décide de tirer la sonnette d'alarme avec les autres membres du CVS en janvier 2020, en adressant un courrier à la direction générale de l'association qui gère l'EHPAD, ainsi qu'au directeur de l'Agence régionale de santé de Bourgogne-Franche-Comté et au président du Conseil départemental du Territoire de Belfort. Dans leur lettre, intitulée « Urgence à La Rosemontoise », ils écrivent : « Nous vous demandons de prendre, dans les meilleurs délais, les mesures nécessaires pour mettre fin à cette situation insoutenable pour les personnels [...] et malheureusement lourde de conséquences pour tous les résidents. Nous demandons que les postes de l'équipe de direction soient pourvus dans les meilleurs délais. Notre courrier vaut comme alerte face à l'urgence de la situation. » À la même époque, Corinne Coudereau, la maire de Valdoie, interpelle Agnès Buzyn, alors ministre des Solidarités et de la Santé, sur le manque de moyens mis à la disposition des EHPAD et notamment de La Rosemontoise. Malheureusement, ces différents appels au secours n'ont pas été entendus à temps. Et l'arrivée de la Covid-19 va démultiplier les problèmes déjà existants. « Évidemment, avec la pandémie, ça ne pouvait que mal se passer, déplore Geneviève Chovrelat. Laisser fonctionner un établissement sans cadre de santé durant une telle crise, c'était complètement irresponsable ! »

Fin février 2020, les premiers cas de Covid-19 apparaissent au sein de la Rosemontoise. Mais les mesures visant à contenir la propagation de l'épidémie tardent à être mises en place. Le confinement des résidents dans leur chambre n'a lieu que le 14 mars. Et la direction de l'EHPAD aurait donné des consignes pour le moins déconcertantes à son personnel, comme me le raconte Patricia Parisot, une aide-soignante et amie de Patricia Boulak : « Mi-mars, nous n'avions quasiment aucune protection : pas de masque, pas de blouse, pas de lunettes, juste un petit tablier en plastique et des gants. Et pourtant, nous nous occupions de résidents qui avaient contracté le virus. Certaines filles avaient même apporté leurs propres masques, mais la direction leur a dit de ne pas les mettre car cela risquait de faire peur aux résidents. J'étais très choquée. » Sans protection, les aides-soignantes tombent malades les unes après les autres. Le 18 mars, c'est au tour de Patricia Parisot. Courbatures, fatigue, perte de goût et d'odorat : les premiers symptômes apparaissent, confirmés par un test PCR. L'aide-soignante est alors arrêtée par son médecin pour une durée de 14 jours. « La directrice m'a appelée pour me demander de revenir travailler avant car elle avait besoin de personnel. J'ai refusé. » Quelques jours plus tard, le mari de Patricia Parisot, âgé de 63 ans, contracte lui aussi le virus. Hospitalisé, il décède une semaine plus tard. « C'est moi qui l'ai contaminé, c'est sûr, car il ne sortait pratiquement jamais, affirme Patricia. Je n'ai pas pu le revoir avant qu'il meure, ça a été très dur. Dans cette crise, j'ai perdu mon mari, mais aussi une très bonne amie. »

Patricia Parisot était en effet très proche de Patricia Boulak. Bien que celle-ci souffrît de diabète et d'hypertension – ce qui la rendait particulièrement vulnérable au virus –, elle non plus n'aurait bénéficié d'aucune mesure de protection pour s'occuper des résidents malades. Sa sœur se souvient qu'elle a développé les premiers symptômes de la Covid-19 le 21 mars 2020. « Elle m'a appelée le lendemain pour me dire qu'elle avait 39 °C de fièvre et qu'elle était clouée au lit, raconte Laurence. Je suis allée la voir plusieurs fois la semaine suivante. Et, un jour, je l'ai retrouvée allongée sur sa banquette, le visage bleu, elle avait beaucoup de mal à respirer. J'ai aussitôt appelé le SAMU. Son état s'est dégradé subitement et elle a été placée en réanimation. Elle n'en est jamais sortie. » La voix de Laurence se brise sous l'émotion. « Voilà comment une vie bascule… Pourquoi n'a-t-elle pas été davantage protégée par sa direction ? C'est inadmissible ce qu'il s'est passé ! »

Le décès de Patricia Boulak et ceux de dizaines de résidents de l'EHPAD obligent les autorités à enfin intervenir. Le 6 avril, considérant qu'il y a « urgence à prendre des mesures permettant de sécuriser non seulement la prise en charge des résidents de l'établissement [...] mais également les conditions d'exercice de son personnel », l'ARS de Bourgogne-Franche-Comté et le Conseil départemental du Territoire de Belfort décident de placer La Rosemontoise sous administration provisoire. L'association SERVIR, qui gérait alors l'établissement, est écartée. Une décision rare, mais plus que nécessaire. Lors de leur arrivée dans l'établissement, les premiers administrateurs constatent en effet que « les professionnels de l'établissement sont dans un état de profond désarroi et une grande souffrance qui les laissent totalement désemparés. Ils expriment un fort sentiment d'inquiétude, d'abandon et de crainte face à la pandémie. [...] La Rosemontoise ressemble à un vaisseau seul en perdition dans la tempête due au virus[19]. » Principal problème : l'absentéisme et le turn-over qui en découle. Ainsi, de mars à mai 2020, sur les 46 professionnels de l'équipe de jour, 75 % ont été absents durant cette période, soit 34 salariés. Le recours à « un nombre très important de remplaçants, peu encadrés, a sans doute fortement déstabilisé les équipes », notent les administrateurs.

Face à ce constat alarmant, un deuxième arrêté de mise sous administration provisoire est pris début juin. Les nouveaux administrateurs alertent sur une réelle « mise en danger des personnes âgées dépendantes accueillies et la

19. Troisième administration provisoire de l'EHPAD La Rosemontoise, *Rapport intermédiaire*, p. 7.

défaillance dans la prise en charge ». Ils précisent que « le déficit persistant du management, les moyens humains insuffisants et l'organisation du travail en vigueur ne permettent pas de respecter le rythme de vie des résidents. [...] La distribution des médicaments n'est pas toujours réalisée, d'autant que le suivi de certaines prescriptions médicales n'est pas systématiquement formalisé. Les surveillances alimentaires et hydriques ne sont pas convenablement tracées dans le dossier de soin. Les résidents ne sont pas changés selon les rythmes et avec les produits nécessaires à l'individualisation de leur prise en charge, notamment durant les périodes de nuit. L'entretien du matériel de soins et des locaux n'est pas assuré convenablement[20]. » Les administrateurs pointent également la défaillance de gouvernance de l'association SERVIR dans la gestion de l'EHPAD. Le 7 août, une troisième administration provisoire est donc nommée pour trois mois. En plus des dysfonctionnements déjà mentionnés, celle-ci découvre qu'il existe « un problème de légionelle[21] dans plusieurs bâtiments » et que « les résidents sont douchés avec un tuyau, un flexible sans pommeau », précisant que « cette technique n'est pas respectueuse de la dignité de nos aînés[22] ».

« Tous ces dysfonctionnements nuisaient considérablement à la sécurité et à la qualité de prise en charge des

---

20. *Ibid.*, p. 18 et 19.
21. Les légionelles sont des bactéries pouvant être à l'origine d'une infection respiratoire appelée légionellose. La contamination se fait par voie respiratoire, par inhalation d'eau contaminée diffusée en aérosol.
22. Troisième administration provisoire de l'EHPAD La Rosemontoise, *op. cit*, p. 24.

résidents, résume Michel Brandt, le directeur de l'autonomie au Conseil départemental du Territoire de Belfort. Compte tenu de tout ce qui avait été relevé par les différentes administrations provisoires, il nous est apparu impossible de redonner à l'association SERVIR[23] l'autorisation de gérer cette maison de retraite. » En novembre 2020, c'est finalement le Pôle gérontologique Claude Pompidou qui est choisi pour reprendre les rênes de La Rosemontoise. « Depuis, il n'y a plus de légionelles dans l'établissement, assure Marion Lhéritier, la nouvelle directrice. L'ensemble du réseau d'eau a été repris et l'intégralité des robinetteries va être changée afin que les résidents puissent prendre des douches normalement. Par ailleurs, toute une série de travaux a été lancée pour rafraîchir les salles communes et rénover les espaces dédiés au personnel, car rien n'avait été fait depuis des années. L'état de certains locaux était franchement lamentable et les salariés n'avaient même pas de salle de repos ! Nous avons également modifié tous les plannings et repensé entièrement l'organisation du travail, afin de s'adapter davantage au rythme et aux besoins des résidents. Enfin, de nouvelles procédures ont été mises en place, notamment pour sécuriser la distribution des médicaments. »

Certes, l'exemple de cet EHPAD est extrême. Mais il démontre que la crise sanitaire n'a fait que mettre en exergue des problèmes déjà existants : difficultés de management,

23. Contactée, l'association SERVIR n'a pas souhaité répondre à mes questions.

manque d'encadrement, absences non remplacées et sous-effectifs permanents. Des dysfonctionnements présents à des degrés divers dans d'autres maisons de retraite – comme je le détaillerai dans la deuxième partie de ce livre – et qui ont eu un impact sur l'accompagnement des personnes âgées.

Les effets désastreux du confinement dans les EHPAD

« Durant le premier confinement, la qualité de l'accompagnement des résidents s'est nettement dégradée », m'affirme une déléguée du personnel d'un EHPAD du sud de la France appartenant à un grand groupe privé lucratif. Elle tient à conserver l'anonymat par peur de poursuites de la part de sa direction. « Habituellement, on travaille toujours à flux tendu, mais avec la crise, les absences se sont multipliées et elles n'ont pratiquement jamais été remplacées. Faute de personnel suffisant, les toilettes étaient souvent bâclées, d'autant que les familles ne pouvaient plus rendre visite à leurs proches. Il n'y avait donc plus aucun garde-fou. Les résidents restaient seuls dans leur chambre du matin au soir, sans quasiment aucune distraction, car l'animatrice était partie et n'avait pas été remplacée. Le soir, on leur distribuait leur repas à partir de 18 h 30 et les plateaux repartaient dès 19 heures. Ils avaient à peine une demi-heure pour manger et on n'avait pas toujours le temps de passer de chambre en chambre pour aider ceux qui en avaient besoin. Certaines personnes ont ainsi perdu une quinzaine de kilos en l'espace de deux mois. »

Ce défaut de prise en charge de leur proche, certaines familles le suspectent elles aussi. C'est en tout cas la conviction de Corinne, dont la mère, Marie-Louise, est décédée le 12 avril 2020 dans un EHPAD privé lucratif, à l'âge de 95 ans. Médecin à la retraite, Corinne m'accueille dans son appartement. Sa douleur et sa colère sont encore palpables. « Ma mère, me dit-elle, n'avait aucun trouble cognitif, mais elle souffrait d'une légère insuffisance cardiaque compensée, ainsi que d'une maladie de la rétine[24] l'ayant rendu pratiquement aveugle. De ce fait, elle avait beaucoup de mal à s'alimenter seule. Logiquement, elle devait être aidée pour manger. Mais, bien avant la crise, j'avais déjà constaté que le personnel de l'EHPAD était débordé. Sans compter la qualité de la nourriture qui n'était pas terrible. Alors, cinq fois par semaine, j'allais voir ma mère pour lui apporter à manger et l'aider à prendre ses repas. » Lorsque la maison de retraite ferme ses portes aux familles et que le confinement est annoncé, à la mi-mars, Corinne ne peut plus rendre visite à sa mère. Comme celle-ci entend très mal, elle ne peut pas non plus lui téléphoner. Elle communique donc avec elle *via* une application mise en place par le groupe dont dépend l'établissement. Mais les échanges sont très épisodiques, ses messages n'étant pas toujours transmis, selon elle. À défaut de pouvoir aider sa mère pour les repas, Corinne prépare chaque jour des sacs isothermes, remplis de pruneaux, de madeleines ou de jus d'orange, qu'elle dépose à l'entrée de l'établissement afin qu'ils lui soient remis.

« Un jour, une infirmière m'appelle et me dit : “Votre maman est fatiguée. Vous pouvez venir la voir.” Je comprends

---

24. La DMLA, dégénérescence maculaire liée à l'âge.

alors qu'elle va bientôt mourir, raconte Corinne. Quand je suis arrivée, je n'ai pas reconnu le visage de ma mère. Elle avait une perfusion au pied et elle était plongée dans un coma profond, dans un état de déshydratation et de dénutrition évident. J'ai su tout de suite que c'était la fin. » Marie-Louise décède en effet quelques heures plus tard. « Sur sa table, j'ai remarqué des bouteilles d'eau qui n'avaient pas été ouvertes et des madeleines encore emballées, ajoute Corinne. Pour moi, il ne fait aucun doute que ma mère est morte d'abandon. Elle s'est laissée mourir, faute d'accompagnement et de stimulation. » Corinne a porté plainte contre X pour homicide involontaire, mise en danger de la vie d'autrui et non-assistance à personne en danger. Une information judiciaire a été ouverte. Mais même une condamnation n'apaisera pas la douleur. Ce que Corinne déplore surtout, c'est de ne pas avoir été prévenue plus tôt que l'état de sa mère se dégradait. Ne pas avoir pu l'accompagner, alors que celle-ci était encore consciente. « C'était mon vœu le plus cher d'être à ses côtés quand elle partirait, me confie-t-elle. Je ne m'en remettrai sans doute jamais. Cela va me poursuivre jusqu'à la fin de ma vie. »

Cette histoire n'est malheureusement pas un cas isolé. Seuls dans leur chambre durant des mois, ne pouvant voir leur famille que par écran interposé, certains résidents se sont en effet littéralement laissé mourir, refusant de se lever, de s'alimenter et même de communiquer. Un « syndrome de glissement » dont a été témoin Lucile[25]. Elle est aide-soignante dans un EHPAD en Bretagne, qui a été totalement

25. Le prénom a été changé.

épargné par le virus lors de la première vague, mais pas par les morts. « Il n'y a eu aucun décès lié à la Covid-19 dans notre établissement, affirme Lucile. En revanche, le confinement a eu des effets désastreux sur certains résidents. Ceux qui étaient habitués à avoir des visites tous les jours se sont sentis abandonnés et ont glissé vers la mort. Ils ne voulaient plus manger ni se lever, ils étaient entièrement repliés sur eux-mêmes et devenaient même agressifs pour certains. Au total, en l'espace de trois mois, six personnes sont décédées des suites du confinement. »

Des personnes âgées encore plus isolées à domicile

À domicile aussi, le confinement a été dévastateur. Il a notamment aggravé l'isolement déjà préexistant des personnes âgées, comme le détaille le rapport des Petits Frères des Pauvres sur les conséquences du premier confinement[26], publié en juin 2020. D'après cette étude, ce sont d'abord les relations avec l'entourage qui ont été sérieusement mises à mal. Ainsi, durant le confinement, 720 000 personnes âgées n'ont eu aucun contact avec leur famille, soit 4 % des 60 ans et plus (contre 1 % en temps normal), 2 millions n'ont eu aucun lien avec leurs amis et 3,3 millions n'ont pas eu de contact avec leurs voisins, soit pratiquement deux fois plus qu'auparavant. L'enquête des Petits Frères des Pauvres montre aussi une forte baisse des contacts avec les aides à domicile et les professionnels de santé : plus de la moitié des

26. Rapport des Petits Frères des Pauvres : *Isolement des personnes âgées : les effets du confinement*, juin 2020.

personnes âgées n'ont eu aucun lien avec ces intervenants, soit deux fois plus qu'en temps normal. En effet, « certaines structures d'aide à domicile ont réduit leur activité, d'autres ont fermé, certaines ont eu énormément de mal à obtenir du matériel de protection et les interventions ont été priorisées sur ceux qui en avaient le plus besoin », précise le rapport.

Conséquence de cet isolement exacerbé : une dégringolade psychique et physique. Dans son enquête, l'association Les Petits Frères des Pauvres indique ainsi que le confinement a eu un impact négatif pour 41 % des personnes âgées sur leur santé morale et pour 31 % sur leur santé physique. Elle cite notamment les propos du Dr François Puisieux, gériatre au CHU de Lille : « Les conséquences de l'isolement, ce sont d'abord des troubles psychiques, et en particulier dépressifs. L'absence de lien social contribue beaucoup à la dépression chez le sujet âgé. La meilleure façon de lutter contre cette dépression, c'est le maintien d'un lien social de qualité. C'est un élément protecteur contre le risque de passage à l'acte suicidaire. La solution est humaine, elle n'est pas seulement médicamenteuse. La bonne pilule antidépressive, c'est le lien social ! Une autre conséquence de l'isolement est la perte d'activité physique qui est un élément essentiel pour la santé des personnes âgées. […] Enfin, il y a des conséquences sur le plan cognitif. Une personne âgée qui n'a pas une vie sociale de qualité a plus de risques de développer des troubles cognitifs. Pour toutes ces raisons, l'isolement se traduit par une perte de qualité de vie et une surmortalité[27]. » Comme dans les EHPAD, certaines personnes âgées à domicile ont

27. *Ibid.*, p. 81.

pu se laisser mourir, ainsi que le souligne le Dr Puisieux : « Par deux fois, l'équipe de notre réseau gériatrique a découvert des personnes âgées mortes derrière leur porte, nous ne l'avions jamais vécu avant alors que le réseau existe depuis 2003. Comme avec la canicule, on risque d'être bien au-delà des chiffres annoncés de surmortalité[28]. »

Ces morts risquent de ne jamais être comptabilisés, d'autant qu'on ignore encore le nombre exact de décès à domicile liés directement à la Covid-19. En effet, comme le regrette la commission d'enquête du Sénat, « faute de suivi précis, le nombre de morts à domicile ne peut qu'être estimé grossièrement[29] ». L'une des estimations connues provient du Centre d'épidémiologie sur les causes médicales de décès (CépiDc), appartenant à l'INSERM. Celui-ci évalue le nombre de décès à domicile imputables à la Covid-19 à environ 1 800 entre le 1er mars et le 31 mai 2020.

Des chiffres qui seraient sous-estimés, selon une récente étude[30] menée par une équipe de chercheurs lillois, dirigée par le professeur Hervé Hubert. Celui-ci préside le registre électronique des arrêts cardiaques (RéAC), une banque de données permettant de recenser les arrêts cardiaques en France ayant lieu en dehors de l'hôpital. « Les patients décèdent d'un arrêt cardiaque consécutif des complications de la Covid-19, explique le Pr Hervé Hubert. Or, durant le premier confinement, on s'est aperçu que le nombre

---

28. *Ibid.*
29. Alain Milon (prés.), *op. cit.*
30. Hervé Hubert, Valentine Baert, Jean-Baptiste Beuscard et Emmanuel Chazard, *Use of out-of-hospital cardiac arrest registries to assess Covid-19 home mortality*, BMC Medical Research Methodology, 2020.

d'arrêts cardiaques à domicile a augmenté de plus de 50 %. D'après les informations qui nous ont été transmises par les équipes du SAMU et des SMUR – qui interviennent à domicile en cas d'arrêt cardiaque – on estime qu'environ les deux tiers de cette augmentation sont liés à des personnes malades de la Covid-19. Ces personnes, âgées de 67 ans en moyenne, ont vu leur état se dégrader très rapidement et n'ont pas pu être hospitalisées. D'après nos calculs, les morts à domicile liés à la Covid-19 entre le 1er mars et le 15 avril 2020 représentent environ 12 % de morts en plus par rapport aux chiffres publiés par Santé publique France. » Si l'on applique ce pourcentage sur la période allant de début mars à fin mai 2020, durant laquelle près de 30 000 décès ont été comptabilisés dans les hôpitaux et les établissements médico-sociaux[31], le nombre de morts à domicile avoisinerait les 3 600, soit près du double du nombre annoncé par le CépiDC. Des morts « oubliés », qui ne figurent pas dans le décompte officiel de Santé publique France.

Les aides à domicile, les grands oubliés de la crise sanitaire

À l'image de ces morts « oubliés », les professionnels des services d'aide à domicile se sont sentis totalement délaissés, voire méprisés par l'État et les pouvoirs publics. Un sentiment d'abandon qui existe depuis plusieurs

31. Anne FOUILLET/Santé Publique France, *Surveillance de la mortalité au cours de l'épidémie de Covid-19 du 2 mars au 31 mai 2020 en France*, juillet 2020.

années, mais qui n'a cessé de croître depuis le début de la crise sanitaire. Trois exemples viennent parfaitement illustrer ce manque de considération.

Les protections d'abord. Comme je l'ai détaillé plus haut, le stock de masques était nettement insuffisant et tous les professionnels du secteur médico-social en ont cruellement manqué au début de la pandémie. Mais cela a été particulièrement le cas des services d'aide à domicile. N'étant pas financés par l'assurance maladie, ils ont été mis de côté, ainsi que le souligne le rapport des députés Julien Borowczyk et Éric Ciotti : « L'accès aux équipements de protection individuelle a été encore plus difficile pour les services d'aide à domicile, qui n'ont pas été intégrés dans le circuit de distribution des masques mis en place au sein des groupements hospitaliers de territoire (GHT)[32] » et ce, jusqu'au 27 mars 2020. Les services d'aide à domicile ont donc dû s'approvisionner directement au sein des officines. Or, de nombreuses pharmacies ont refusé de leur délivrer des masques chirurgicaux sous prétexte qu'ils n'étaient pas considérés comme prioritaires. « Pendant un quart, voire un tiers de la crise sanitaire du printemps, de nombreux professionnels ont été amenés à prendre des risques importants en travaillant sans masques », soulignent les députés.

Une dure réalité que raconte Dafna Mouchenik, directrice d'un service d'aide à domicile parisien, dans son livre *Première ligne*[33]. Sous la forme d'un journal de bord, elle

32. Julien Borowczyk et Éric Ciotti, *op. cit.*, 2020, p. 199.

33. Dafna Mouchenik, *Première ligne. Journal d'un service d'aide à domicile*

relate les innombrables difficultés rencontrées par son service durant le premier confinement. Le 16 mars, elle s'insurge : « Les masques sont réservés en priorité pour l'hôpital et la médecine de ville et de campagne, en particulier les généralistes et les infirmières, désormais en première ligne aussi dans la gestion de la crise. [...] Pas un mot sur nous, les invisibles du domicile. » Puis, un peu plus loin, elle décrit la « chasse aux masques » dans les pharmacies et les nombreux refus qu'elle a dû essuyer : « Moi, après cinq ou six tentatives, je finis héroïquement par décrocher une boîte de 50 masques (même pas de quoi en donner un à chacune) et une bouteille de gel hydroalcoolique. Youpi ! Le 18 mars, un monsieur dont nous nous occupons est transporté à l'hôpital. Sa femme est Covid elle aussi, mais son état est jugé moins préoccupant. Elle reste chez elle. Hormis les masques chirurgicaux fournis par le département (et cette fameuse boîte de 50 !), nous ne disposons d'aucun équipement de protection. Nous convenons de suspendre nos interventions pour ne pas prendre le risque de contaminer l'auxiliaire. On marche sur la tête. Équipez-nous bon sang, qu'on puisse faire notre job ![34] »

La prime Covid ensuite. À l'instar de la prime versée par l'assurance maladie aux personnels des EHPAD et des services de soins infirmiers à domicile, une prime exceptionnelle devait logiquement être attribuée aux salariés des services d'aide à domicile ayant continué à s'occuper des personnes âgées ou handicapées durant le premier confinement. Mais les

---

durant le confinement, Fauves Éditions, 2020.
34. *Ibid.*, p. 48.

aides à domicile et les auxiliaires de vie ont, dans un premier temps, été « oubliés » du processus, l'État et les départements se renvoyant la balle pour le versement d'une telle prime[35]. Suite à une forte mobilisation des professionnels du secteur, un accord est finalement trouvé : l'État financera la moitié de la prime si les collectivités consentent à verser l'autre moitié. Fin décembre 2020, à l'exception de la Loire et du Jura, tous les départements avaient accepté cette proposition. Mais, selon la carte publiée par le ministère en charge de l'Autonomie, de grandes disparités existent sur le montant de la prime. Ainsi, non seulement ce montant est calculé au prorata des heures effectuées par les salariés, mais le plafond varie également d'une collectivité à l'autre, la prime pouvant aller de 250 à 750 euros dans certains départements et de 1 000 à 1 500 euros dans d'autres.

Les intervenants à domicile sont enfin et surtout les grands oubliés des accords du Ségur de la Santé[36]. En effet, en juillet 2020, l'État s'est engagé à revaloriser les salaires des professionnels des établissements de santé et des EHPAD à hauteur de 183 euros nets par mois. À l'époque, rien n'est prévu – dans le cadre de ces accords – pour les professionnels du domicile, qu'il s'agisse des aides à domicile, des auxiliaires de vie, des aides-soignants ou des infirmiers[37]. Une décision

35. À l'exception de certains départements ayant pris l'initiative de verser une prime Covid aux salariés des SAAD.
36. Les accords du Ségur de la Santé ont été signés le 13 juillet 2020 par le Premier ministre, le ministre des Solidarités et de la Santé, ainsi que par une majorité d'organisations syndicales.
37. En mai 2021, suite à de longues négociations, le gouvernement a annoncé que les revalorisations salariales du Ségur de la Santé seront étendues, entre au-

qui suscite l'incompréhension et qui creuse encore davantage l'écart de salaire entre les employés en maison de retraite et ceux qui interviennent chez les personnes âgées. Au-delà du sentiment d'injustice ressenti, cette iniquité risque de créer un « appel d'air ». Certains intervenants font ainsi le choix de quitter le secteur du domicile pour aller travailler en EHPAD ou à l'hôpital, où les salaires sont plus importants. C'est le cas de Christina. Âgée de 47 ans, elle est titulaire du diplôme d'auxiliaire de vie sociale (AVS) et est employée dans un SAAD (service d'aide et d'accompagnement à domicile). « Notre métier n'est clairement pas reconnu à sa juste valeur, regrette-t-elle. Moi, par exemple, j'ai 25 années d'expérience et je suis rémunérée seulement à hauteur de 1 340 euros nets par mois pour un temps plein. J'adore ce que je fais, vraiment. Il y a des personnes que j'accompagne depuis plusieurs années et dont je connais toutes les habitudes. C'est très enrichissant comme travail. Mais je vous avoue que j'en ai marre de ne pas être considérée, de cumuler les heures supplémentaires, de voir mon planning changer sans cesse pour combler les absences Tout ça pour un salaire de misère ! » Christina a ainsi décidé de suivre une formation pour devenir aide-soignante afin de pouvoir postuler en EHPAD. « Maintenant que les salaires ont été réévalués dans les maisons de retraite, je gagnerai pratiquement 300 euros de plus qu'en exerçant à domicile ! À compétences égales, vous vous rendez compte de la différence ? C'est énorme ! »

tres, au personnel des SSIAD (aides-soignants et infirmiers notamment) non régis par la branche de l'aide à domicile, à compter du 1er janvier 2022.

Des proches aidants « laissés-pour-compte »

Services d'accompagnement à domicile réduits, accueils de jour en EHPAD fermés, hôpitaux saturés, etc. Durant le confinement, les proches aidants[38] des personnes âgées se sont brutalement retrouvés à devoir s'occuper à plein temps de leur parent, de leur grand-parent ou de leur conjoint. C'est ce que dévoile une récente enquête[39] réalisée par l'association Je T'aide, un collectif qui rassemble une trentaine de structures engagées pour soutenir et porter la voix des aidants. Entre le 27 avril et le 24 mai 2020, l'association a ainsi diffusé un questionnaire auprès des proches aidants de son réseau. « L'approche n'était pas démagogique : plutôt que de donner la parole aux proches aidants pour entendre leurs plaintes, le questionnaire était résolument tourné vers ce que la crise sanitaire pouvait faire émerger de nouveau, de bien, de positif… », indique l'association en préambule des résultats de son enquête. « Malgré ce parti pris, c'est surtout leur détresse et leur colère que les proches aidants ont exprimées. La crise ne fait qu'accentuer un sentiment déjà présent, d'être les laissés-pour-compte. » Au total, près de 800 personnes ont répondu au questionnaire. D'après les résultats de cette enquête,

38. Reconnu juridiquement depuis la loi relative à l'adaptation de la société au vieillissement du 28 décembre 2015, le proche aidant d'une personne âgée est défini comme « son conjoint, le partenaire avec qui elle a conclu un pacte civil de solidarité ou son concubin, un parent ou un allié, définis comme aidants familiaux, ou une personne résidant avec elle ou entretenant avec elle des liens étroits et stables, qui lui vient en aide, de manière régulière et fréquente, à titre non professionnel, pour accomplir tout ou partie des actes ou des activités de la vie quotidienne ». (article L.113-1-3 du Code de l'action sociale et des familles).
39. Je T'aide, *Les Aidants à l'épreuve du confinement*, août 2020.

une intervention sur deux à domicile a été suspendue durant le confinement. Conséquence : 55 % des proches aidants ont dû réaliser des actes habituellement effectués par des professionnels, comme des piqûres, des pansements, des poses et des retraits de cathéter sous-cutané ou même des irrigations transanales. Des actes techniques, pour lesquels 42 % des aidants n'étaient pas formés ! Ainsi, toujours selon l'enquête du collectif Je T'aide, la moitié des aidants a ressenti une charge maximale durant le confinement, soit trois fois plus qu'en temps normal.

« J'ai l'impression de m'être usée à vitesse grand V durant cette période, s'affole Sophie Guilloteau. C'est comme si je participais à une expérience de sport extrême en pleine mer ou en haute montagne durant plusieurs mois. Je savais que je ne devais pas flancher, mais j'étais épuisée. » Cette jeune femme de 32 ans s'occupe de son père depuis une dizaine d'années. Âgé de 76 ans, celui-ci souffre de la maladie à corps de Lewy. Une maladie neurodégénérative qui entraîne, entre autres, des troubles cognitifs, moteurs et comportementaux. « Avant la crise, mes frères et moi avions mis en place toute une organisation d'aide à domicile, explique Sophie. Mon père avait trois auxiliaires de vie qui se relayaient sept jours sur sept chez lui, dont une qui était hébergée sur place en échange de ses services. » Lorsque le confinement est annoncé, Sophie décide de venir s'installer chez son père. « À l'époque, on n'avait pas de masques. J'étais très stressée par le virus et je ne voulais surtout pas que mon père l'attrape. Comme deux des auxiliaires de vie prenaient les transports en commun pour venir et qu'il y avait un risque de contamination, on a décidé d'un commun accord qu'elles ne viendraient plus. »

Sophie se retrouve donc seule avec l'auxiliaire de vie hébergée à domicile pour accompagner son père 24 heures sur 24. Quant aux séances de kinésithérapie hebdomadaires, elles sont interrompues du jour au lendemain. « Physiquement, cela a été très dur, raconte la jeune femme. Comme mon père ne pouvait plus voir son kiné, j'ai essayé de lui faire faire des exercices à la maison pour qu'il ne perde pas sa motricité. Je le faisais marcher le plus possible, mais je devais quasiment le porter, c'était hyper éprouvant. Je n'étais clairement pas formée pour ça et, surtout, je n'avais pas le matériel adéquat. Alors, forcément, mon père a décliné beaucoup plus vite. Désormais, il est alité quasiment en permanence. Je me sentais déjà isolée auparavant en tant qu'aidante, mais avec le confinement, ce sentiment a été décuplé. »

Nos aînés privés de voir librement leurs proches

Si les personnes âgées à domicile ont pu retrouver un semblant de vie normale lors du premier déconfinement, à partir du 11 mai 2020, il n'en a pas été de même pour les résidents des EHPAD. En effet, malgré des protections en nombre, le déploiement de tests, puis le lancement de la vaccination fin décembre 2020, des clusters ont continué d'apparaître, causant toujours de nombreux décès. Les autorités ont ainsi recommandé de maintenir un protocole sanitaire dans les maisons de retraite jusqu'au printemps 2021. Pendant près d'un an, les résidents ont donc dû vivre sous cloche, quasiment sans pouvoir sortir, les visites de leurs proches étant également limitées. Évidemment, là encore, les situations varient énormément d'un établissement à l'autre.

Beaucoup de directeurs d'EHPAD se retrouvent tiraillés entre l'envie légitime de relâcher la pression et la peur de laisser entrer le virus dans leur établissement, certaines familles menaçant de les attaquer en justice. L'équilibre entre protection et liberté est souvent difficile à trouver. Si certains font toutefois preuve de bon sens et de souplesse, d'autres préfèrent appliquer les consignes à la lettre, quitte à durcir encore les mesures. Et les conséquences sur les personnes âgées s'avèrent parfois délétères.

« J'en arrive à souhaiter que ma mère parte. Ce n'est pas une vie de rester enfermée comme ça », me confie Bernadette[40] en décembre 2020. Avant la crise sanitaire, cette ancienne aide-soignante rendait régulièrement visite à ses parents, résidant tous les deux dans un EHPAD de la région de Chartres. Son père est décédé de la Covid en avril 2020. Sa mère, elle, a été épargnée. Mais Bernadette ne peut lui rendre visite que deux fois par semaine, pas plus de trois quarts d'heure à chaque fois. « Je n'ai plus le droit d'aller dans sa chambre, les visites ont lieu dans la salle à manger. Nous sommes trois ou quatre familles en même temps, plus un salarié de l'établissement qui nous surveille. On se croirait au parloir. Ma mère n'a plus le droit de sortir de l'EHPAD. Même cet été, lorsqu'il faisait beau et que le virus était beaucoup moins actif, j'avais interdiction de la promener dans le parc. » À cause de ces mesures, la mère de Bernadette n'a toujours pas pu se rendre sur la tombe de son mari, ni voir son arrière-petit-fils, né en 2020. Pour les vacances de Noël, la direction autorise les résidents à rentrer chez eux s'ils le souhaitent. Mais, à leur

40. Le prénom a été changé.

retour, ils devront effectuer un test PCR et rester confinés une semaine dans leur chambre avant un nouveau test, conformément à ce que prévoit alors le protocole sanitaire. « J'ai demandé à maman ce qu'elle voulait. Elle m'a dit : “Je préfère rester à l'EHPAD, ça ne vaut pas le coup de sortir si c'est pour être enfermée après.” Pour moi, ce sont des conditions carcérales qu'on impose à nos vieux ! s'insurge Bernadette. C'est tout sauf une belle fin de vie. »

Un enfermement que dénonce également Annette Debéda. Son père, Claude, ancien professeur de physique, résidait dans un EHPAD public hospitalier depuis trois ans. Âgé de 81 ans, il y était entré encore relativement autonome, malgré quelques difficultés à se déplacer. « Avant la crise, mon père était vraiment très bien dans cette maison de retraite, raconte Annette. Il s'y sentait en sécurité et pouvait sortir comme il le voulait, nous n'avions rien à redire. Mais le confinement a été épouvantable. Il l'a très mal vécu et a commencé à avoir des idées noires. » À partir de mi-juin, les mesures s'assouplissent enfin. Pourtant, « cette parenthèse enchantée » est de courte durée. « Dès le 16 octobre, la direction nous prévient qu'il y a cinq cas de Covid dans l'établissement, tous les résidents sont à nouveau confinés dans leur chambre et les visites interdites. » Malgré ces précautions, les cas de Covid se multiplient jusqu'à atteindre une quarantaine de résidents et causer une dizaine de morts. Le pic passé, courant décembre, la direction met en place des visites encadrées pour les familles. Ces « parloirs », comme les appelle Annette, étaient toujours la règle début mars 2021, malgré le lancement de la vaccination. « Mon père et moi sommes tous les deux assis derrière une table à trois mètres l'un de l'autre, séparés par une plaque en Plexiglas au milieu, sans aucune intimité, décrit Annette. C'est affreux ! Mon père refuse même de nous voir avec ma sœur dans ces conditions. À force de passer ses journées seul dans sa chambre, il a sombré dans une profonde dépression. Son médecin lui a prescrit des antidépresseurs, mais cela ne suffit pas. Son état se dégrade de jour en jour. Il ne se lève plus, mange allongé sur son lit et a perdu une dizaine de kilos. Il n'a plus aucune activité et dort quasiment toute la journée. Son seul horizon désormais, c'est la mort. Il m'a même demandé de l'emmener en Suisse pour se faire euthanasier. Je lui ai dit que cela n'était pas possible. » Annette multiplie alors les demandes auprès de la direction pour obtenir un droit de visite en chambre. En vain. L'ARS tout comme le défenseur des droits qu'elle sollicite jugent d'ailleurs ces mesures légitimes à l'époque, compte tenu de la situation sanitaire. Très inquiète pour la santé physique et mentale de son père, Annette finit par convaincre celui-ci d'entrer dans une clinique psychiatrique. Mais ce séjour ne sera finalement d'aucun secours. De retour en maison de retraite, Claude ressemble à « une bougie qui s'éteint » selon les mots de sa fille. Début mai 2021, ses proches sont enfin autorisés à venir le voir dans sa chambre, car il est alors considéré « en fin de vie ». Il décédera un mois plus tard. « Pour moi, il ne fait aucun doute qu'il est mort de solitude et de désespoir, me confie Annette. Je suis très en colère du traitement indigne qui lui a été infligé. À lui et tant d'autres. »

Annette Debéda fait partie du Cercle des Proches aidants en EHPAD (CPAE). Un groupe de réflexion créé en mars 2020, qui milite pour une meilleure reconnaissance des proches aidants et un assouplissement du protocole sanitaire dans les maisons de retraite. Leur slogan : « En EHPAD, le lien c'est la vie! » L'une des cofondatrices de ce mouvement est Sabrina Deliry. Cette femme, à l'énergie sans faille, a fait parler d'elle en avril 2020 en entamant une grève de la faim pour obtenir le droit de rendre visite à sa mère, résidente d'un EHPAD public à Paris. Pendant plus d'un an, elle a écumé les plateaux de télévision pour alerter sur les conséquences de l'isolement des personnes âgées et les morts par glissement. « À force de trop vouloir protéger nos parents, on est en train de les tuer, martèle-t-elle. À quoi bon les préserver autant si c'est pour qu'ils crèvent de chagrin ? Nos parents ne méritent pas de vivre comme ça. En les privant de tout, on bafoue leurs droits, on les considère comme des sous-citoyens. »

« C'est sûr qu'on nous protège trop, ça devient pesant », reconnaît Philippe Wender, lorsque je le contacte en janvier 2021. Âgé de 83 ans, il est le président de l'association Citoyennage, créée officiellement en septembre 2019 pour porter la voix des personnes âgées en maison de retraite et à domicile. Depuis deux ans et demi, Philippe Wender réside avec son épouse dans un EHPAD du Val-de-Marne en région parisienne. « Ce qui manque le plus aujourd'hui, c'est d'avoir un peu d'intimité. On ne peut voir nos enfants que dans la salle du restaurant, avec sept autres familles en même temps. Et comme on n'entend pas très bien, nous les vieux, on parle fort et c'est très bruyant, plaisante-t-il. Il faudrait vraiment assouplir les mesures sanitaires, car certaines sont complètement idiotes! Le problème, c'est que l'État et les

ARS ne nous consultent quasiment jamais. On prend des décisions pour nous, sans nous demander notre avis, alors que nous sommes les premiers concernés. Ce qu'on voudrait maintenant, c'est pouvoir recommencer à vivre comme tout le monde. Et vivre, c'est prendre des risques, y compris lorsqu'on est âgé ! »

Quelques semaines après cet échange, étant donné que la très grande majorité des résidents en France ont reçu leur première dose de vaccin, l'association Citoyennage, soutenue par l'AD-PA[41], réclame officiellement un allègement du protocole dans les EHPAD. Elle demande notamment à ce que les résidents puissent sortir avec leurs familles, recevoir des visites dans leur chambre et participer à des activités collectives. Un mois plus tard, le 12 mars 2021, ces allègements sont finalement acceptés par le ministère des Solidarités et de la Santé. Dans son communiqué de presse[42], la ministre déléguée à l'Autonomie, Brigitte Bourguignon, déclare : « Il faut que les résidents puissent revoir leurs proches à l'extérieur. Ils ont été trop longtemps coupés de leur famille. Ce chemin des retrouvailles s'ouvre devant nous, mais il doit être soigneusement balisé et progressif, au cas par cas, pour en assurer la réussite. »

Pourtant, malgré ces nouvelles recommandations, de nombreux directeurs d'établissements continuent d'appliquer des mesures contraignantes concernant les visites et les

41. L'association des directeurs au service des personnes âgées.
42. Communiqué de presse de Brigitte BOURGUIGNON, *EHPAD : les recommandations pour un retour progressif à la vie sociale*, 12 mars 2021.

sorties de leurs résidents, ainsi que le détaille un rapport publié en mai 2021[43] : « Le Défenseur des droits a constaté que l'interdiction de sortie des personnes, mêmes vaccinées, résidant en EHPAD a été maintenue dans un certain nombre d'établissements, les directions ne souhaitant assouplir les mesures que dans une situation dans laquelle l'ensemble des indicateurs de la crise était rassurant (couverture vaccinale complète de l'ensemble des résidents et personnels, absence de variant circulant dans le département, etc.). Le Défenseur des droits considère que l'adoption ou le maintien de telles restrictions, gravement attentatoires à la liberté d'aller et venir, ne peut être laissé(e) à la seule appréciation des directions d'EHPAD. Ces mesures doivent, en effet, faire l'objet d'un encadrement strict, garantissant l'appréciation de leur caractère nécessaire et proportionné, sur la base de l'égalité avec les dispositions prises pour l'ensemble de la population. » Suite à ce rapport, la ministre déléguée à l'Autonomie publie un nouveau protocole[44] faisant de « la liberté d'aller et venir la règle et des mesures de restriction l'exception », applicable à partir du 19 mai 2021.

Il aura ainsi fallu attendre plus d'un an pour que les résidents des EHPAD puissent retrouver sensiblement les mêmes droits que le reste de la population. Pourquoi cette différence de traitement ? Qu'est-ce que cela révèle de notre société ?

---

43. Défenseur des droits, *Les droits fondamentaux des personnes âgées accueillies en EHPAD*, mai 2021.
44. Communiqué de presse de Brigitte Bourguignon, *Protocole du 19 mai : une nouvelle étape vers un retour à la vie normale dans les EHPAD, USLD et résidences autonomie*, 12 mai 2021.

Une France qui n'aime pas ses vieux

Indéniablement, la crise sanitaire a mis en exergue l'« âgisme » ambiant dans notre pays, c'est-à-dire la discrimination de personnes en raison de leur âge. Une discrimination souvent inconsciente, générée par notre propre peur de vieillir. Car le fait de vieillir, cela nous renvoie à notre finitude et donc à la mort. Parce que nous ne voulons pas vieillir, nous discriminons et maltraitons nos vieux. Selon un rapport publié par les Nations unies en mars 2021, une personne sur deux dans le monde aurait des attitudes relevant de l'âgisme, autrement dit guidées par des stéréotypes ou des préjugés. Cette discrimination aurait des conséquences négatives sur la santé physique et mentale des personnes âgées, causant près de 6,3 millions de cas de dépression dans le monde. Pour Michelle Bachelet, Haute-Commissaire des Nations unies aux droits de l'homme, l'âgisme est souvent « si répandu et si bien accepté – dans nos attitudes comme dans nos politiques, nos lois et nos institutions – que nous ne réalisons pas les répercussions qu'il a sur notre dignité et sur nos droits ».

« La société tout entière est âgiste ! » tonne Pascal Champvert, le président de l'AD-PA, l'association des directeurs au service des personnes âgées. « La preuve, on n'ose même pas employer le mot *vieux* ! Pourtant ce n'est pas un gros mot. On dit bien jeune, alors pourquoi pas vieux ? » Cet économiste de formation, âgé de 61 ans, dirige plusieurs maisons de retraite et services d'aide à domicile dans le Val-de-Marne. « Durant la crise, on a entendu des phrases du type : "À son âge, il allait bientôt mourir de toute façon, quelques années de plus ou moins, qu'est-ce que ça change ? Et puis, on ne va quand même pas demander l'avis des résidents des EHPAD pour se faire vacciner, sinon ça va ralentir le processus…" En fait, on considère que la vie d'un vieux vaut moins que celle d'un jeune. Et, surtout, on a tendance à réduire la vie des personnes âgées à des besoins primaires : se laver, manger, faire ses besoins, dormir. Du coup, l'État et les pouvoirs publics ont eu tendance à préconiser des mesures hyper sécuritaires dans les maisons de retraite, sans tenir compte des besoins psychiques de nos aînés, ni leur demander leur avis. Tout ça, c'est de la discrimination. Et ce n'est pas nouveau ! En institution comme à domicile, les moyens octroyés sont insuffisants et les vieux délaissés, tout comme les professionnels qui s'occupent d'eux. Le système dysfonctionne de toute part ! Depuis des années, on nous promet une loi Grand Âge pour tout réformer en profondeur, les rapports s'empilent, les solutions sont là, mais on attend toujours ! Et, désormais, on nous dit qu'il va falloir attendre la fin de la crise sanitaire. Mais la crise a bon dos ! Cela fait 40 ans qu'on subit les petits renoncements des gouvernements successifs. La réalité, c'est que les vieux, tout le monde s'en fout ! Alors dépenser de l'argent pour eux, vous pensez… Pourtant, ne l'oublions pas, on deviendra tous vieux un jour : vous, moi, tout le monde ! C'est maintenant qu'il faut agir ! »

Des EHPAD en crise

Qu'est-ce qu'un EHPAD et combien ça coûte ?

EHPAD : établissement d'hébergement pour personnes âgées dépendantes. Tout le monde, ou presque, connaît désormais cet acronyme devenu tristement célèbre. Mais sait-on précisément ce que c'est ? Pour bien comprendre le fonctionnement et les failles du système, il me semble important de revenir sur la définition d'un EHPAD et d'expliquer ses différents statuts.

Il existe deux grands types de maisons de retraite en France. D'une part, celles qui s'adressent aux personnes âgées encore autonomes, comme les résidences autonomie ou les résidences service. Il s'agit d'établissements non médicalisés, où les résidents peuvent profiter d'un environnement sécurisé et de services collectifs (ménage, restauration, animations). D'autre part, les établissements qui accueillent des personnes âgées en perte d'autonomie dites « dépendantes », comme les EHPAD. Dans ces maisons de retraite médicalisées, les résidents bénéficient d'une surveillance régulière et d'une aide pour les actes de la vie quotidienne, comme se laver, s'habiller, manger, etc. Si une personne âgée ne peut plus rester à son domicile en raison de difficultés physiques ou psychiques, c'est donc principalement en EHPAD qu'elle sera hébergée.

Selon la Direction de la recherche, des études, des évaluations et des statistiques (DREES), il existe 7 400 EHPAD en France[1] qui hébergent au total près de 600 000 personnes âgées[2]. Ces établissements peuvent avoir trois types de statut juridique : près de 45 % sont des EHPAD publics (hospitalier ou non hospitalier), 30 % sont privés à but non lucratif (associatifs), et environ un quart sont privés à but lucratif (commerciaux).

En moyenne, le prix de l'hébergement dans un EHPAD est de 59,30 euros par jour[3], soit environ 1 800 euros par mois. Un prix entièrement à la charge du résident, celui-ci pouvant toutefois bénéficier de certaines aides publiques[4]. À ce tarif hébergement, il faut ajouter un forfait dépendance, dont le montant varie selon le degré d'autonomie et les ressources de

1. Marianne MULLER, DREES, « L'accueil des personnes âgées en établissement : entre progression et diversification de l'offre », *Les dossiers de la DREES* n° 20, septembre 2017, p. 5.
2. INSEE, « Personnes âgées dépendantes », *Tableaux de l'économie française*, février 2020.
3. Marianne MULLER, DREES, *op. cit.*, p. 7.
4. Sous condition de ressources, les résidents peuvent bénéficier d'une allocation au logement : l'allocation de logement sociale (ALS) ou l'aide personnalisée au logement (APL) pour les établissements ayant signé une convention relative à l'APL. Ils peuvent également demander l'aide sociale à l'hébergement (ASH) qui prend en charge une partie ou la totalité du coût de l'hébergement dans un établissement ayant signé une convention d'aide sociale. Cette aide est toutefois récupérable sur succession.

la personne. Là encore, une aide peut être versée[5]. Mais, pour une personne âgée – dont la retraite moyenne en France est de 1 330 euros nets par mois[6] –, résider en EHPAD nécessite la plupart du temps d'importants sacrifices financiers. Il faut souvent puiser dans les économies de toute une vie ou bien vendre la maison que des années de labeur auront permis de payer. Parfois, ce sont aussi les enfants qui doivent assumer cette lourde dépense.

Les prestations de ces maisons de retraite médicalisées sont-elles toujours à la hauteur de l'argent versé par les résidents ? Quelle est la situation des EHPAD en France ? Existe-il des différences entre le secteur public et le secteur privé ? En payant plus cher, est-on forcément mieux accompagné ? C'est à toutes ces questions que j'ai voulu répondre en démarrant mon enquête il y a trois ans.

Des toilettes au pas de course

L'un des premiers établissements à accepter de m'ouvrir ses portes est la résidence Saint-Jacques en Haute-Garonne. Cet EHPAD public hospitalier est réparti sur deux sites – Grenade et Cadours – et accueille au total 225 personnes âgées. Son directeur, Didier Carles, fait partie de l'AD-PA. Il veut me montrer la vie quotidienne à l'intérieur de son établissement, loin des préjugés et des clichés qui circulent dans les médias. Mais aussi ne pas taire les

5. Il s'agit de l'Allocation personnalisée d'autonomie (APA).
6. INSEE, « Retraites », *Tableau de l'économie française*, février 2020.

difficultés auxquelles lui et ses équipes sont confrontés quotidiennement. « Soyons clairs, comme partout, nous manquons de personnel. C'est une réalité qu'il ne faut pas nier. Mais nous faisons tout notre possible pour pallier cela. » Après avoir rencontré l'équipe encadrante et les représentants du personnel, je vais passer quelques jours en immersion sur les deux sites de l'établissement.

6h30 du matin. Le soleil perce à peine. Entourée de cyprès, la maison de retraite de Grenade est située à quelques minutes du centre-ville. Je pénètre dans le bâtiment de couleur ocre, dont le toit est recouvert de tuiles. C'est un lieu apaisant. À cette heure matinale, il règne dans le hall un silence presque monacal. Pourtant, dans les étages, les aides-soignantes sont déjà à pied d'œuvre. Elles viennent de prendre la relève de l'équipe de nuit et démarrent leur journée. Au troisième étage, Margaux et ses deux collègues ont la charge de 42 résidents, dont la plupart nécessitent une aide pour se lever, se laver, s'habiller et s'installer pour prendre leur petit déjeuner. Le chronomètre est enclenché. En moyenne, elles ont 15 minutes par résident. « C'est une moyenne, précise Margaux. Évidemment, on peut passer plus de temps avec un résident dont l'accompagnement est plus compliqué, mais c'est vrai qu'on a toujours l'œil rivé sur notre montre. » Cela fait plus de 10 ans que Margaux travaille en maison de retraite. Cette jolie jeune femme à la chevelure rousse et bouclée dégage douceur et joie de vivre dès qu'elle entre dans une chambre.

« Bonjour madame Barillet[7] ! Comment allez-vous ce matin ? »

Allongée dans son lit, la dame se redresse péniblement.

« C'est qui ?

– C'est Margaux !

– Ah Margaux ! Est-ce que vous pouvez regarder par terre si vous voyez une petite pile ?

– Vous avez perdu la pile de votre appareil auditif ? Elle ne doit pas être loin… Je regarderai tout à l'heure en faisant votre lit. On va d'abord faire votre toilette. »

Aidée par l'aide-soignante, madame Barillet descend de son lit médicalisé et attrape son déambulateur pour se rendre dans sa salle de bains. Plusieurs minutes se sont déjà écoulées. Comme si elle lisait dans mes pensées, la vieille dame lance en souriant : « Ce n'est pas le TGV, hein ! » Nous rions toutes de bon cœur. Ce jour-là, Margaux n'effectue qu'une toilette simple au gant. Restée derrière la porte, je lui demande naïvement :

« Vous ne faites pas de douche tous les jours ?

– Ah non ! me répond-elle. Déjà parce que ce sont des personnes qui sont habituées à faire plutôt leur toilette au gant, mais surtout parce qu'on n'a clairement pas le temps de les doucher tous les jours ! Chaque résident a le droit à une douche une fois par semaine. Le lundi c'est madame X, le mardi monsieur Y… Nous avons un planning pour savoir le jour où on doit les doucher. »

7. Tous les noms de famille des résidents ont été modifiés.

Une seule douche par semaine ! Cela me semble bien peu, moi qui en prends au moins une fois par jour. J'apprendrai pourtant que la plupart des EHPAD, qu'ils soient publics ou privés, fonctionnent sur ce même principe.

À peine 10 minutes plus tard, madame Barillet sort de la salle de bains, habillée d'une robe et d'un gilet.

« Je vous installe sur ce fauteuil ? propose Margaux.

– Non celui-ci s'il vous plaît ! répond la résidente en désignant son fauteuil roulant.

Margaux le lui apporte et l'aide à s'installer.

– Oh là là…

– Allez, on y est presque. Levez la jambe ! L'autre ! Et voilà ! Je vais vous laisser vous coiffer, d'accord ? »

Cela fait partie du travail de l'aide-soignante : faire en sorte de laisser les résidents effectuer le plus de gestes par eux-mêmes. « Même si on a peu de temps, c'est important de ne pas tout faire à leur place pour leur permettre de préserver leur autonomie », m'explique Margaux, tout en profitant de ce moment pour refaire le lit.

« Ah ! Madame Barillet, j'ai retrouvé votre pile ! Elle était dans vos draps !

– Oh mon Dieu, merci ! Oh venez que je vous embrasse ! Vous êtes tellement gentille ! Et je vous apprécie beaucoup, vous savez ?

– Oh, mais avec plaisir madame Barillet ! Je vous laisse, Fabienne va venir vous apporter le petit déjeuner. »

L'aide-soignante quitte la chambre et me confie : « Ses paroles me touchent énormément. Quand on entend ça, c'est vraiment très gratifiant, ça compense les difficultés du métier et le manque d'effectifs. » Même si l'équipe est au complet ce matin-là, il n'y a pas de temps à perdre. Margaux continue sa tournée.

Parmi les résidents, certains sont très dépendants et nécessitent l'aide de deux soignants. D'autres sont beaucoup plus autonomes.

« Bonjour madame Fayolle. Comment allez-vous ce matin ? Ah mais vous êtes déjà dans la salle de bains ! Bon, je vous laisse faire votre petite toilette, je fais votre lit en attendant, d'accord ?

– D'accord, merci ! » lui répond la résidente.

Tout en changeant les draps, Margaux précise : « Là, vous voyez, c'est une dame qui est relativement autonome, elle peut se laver seule. Mais je dois tout de même vérifier qu'elle fasse bien sa toilette et qu'elle mette des habits propres, sinon elle peut oublier. Attendez… »

Une sonnerie retentit. L'aide-soignante sort un combiné de sa poche : « C'est une dame qui nous sonne, m'explique-t-elle. Elle est alitée. Je pense que c'est pour qu'on lui apporte son petit déjeuner. Je la connais, donc là je sais qu'elle est en sécurité et qu'elle veut simplement qu'on vienne s'occuper d'elle. »

À l'autre bout du couloir, Françoise, la collègue de Margaux, elle aussi alertée par la sonnette, entre dans la chambre de la résidente en question.

« Que se passe-t-il, madame Callas ?

– Je voudrais mon petit déjeuner !

– Fabienne va venir, elle est en train de le préparer, ne vous inquiétez pas. Il faut un petit peu de temps, comme d'habitude.

– Bon.

– Allez, à tout à l'heure ! »

Il est bientôt 8 heures. La dame devra patienter encore un peu. Fabienne, l'agent responsable des petits déjeuners, est seule pour servir 42 résidents. Alors, forcément, tout le monde n'a pas son plateau en chambre dès 7 heures. Cela se comprend aisément. Mais pour une personne âgée réveillée parfois depuis plusieurs heures, seule dans sa chambre et incapable de se lever, cela peut être une forme de maltraitance. Une maltraitance institutionnelle, entendons-nous bien, c'est-à-dire involontaire, causée par le système et le manque d'effectifs. Margaux le reconnaît : « Vous savez on peut être maltraitant rien qu'en choisissant ce que la dame ou le monsieur va porter sans lui demander son avis. Ou en décidant quand une personne doit être levée et lavée. Vous avez ici plusieurs résidents qui aimeraient qu'on leur fasse la toilette dès 6 h 30 et d'autres qui aimeraient rester dormir jusqu'à midi. On essaie de s'adapter à leur rythme le plus possible, mais on ne peut pas satisfaire tout le monde, tout simplement parce qu'on n'est pas assez nombreux ! »

La matinée se poursuit. Margaux enchaîne les toilettes pratiquement sans s'arrêter. Mais alors qu'elle pénètre dans la chambre de madame Kappa, la jeune femme sent quelque chose d'anormal. La résidente n'est pas dans son état habituel.

« Je viens vous aider à faire votre toilette, d'accord ? »

Allongée sur son lit, les yeux grands ouverts mais le regard vide, madame Kappa ne réagit pas.

« Vous me regardez comme si j'étais un fantôme ! Madame Kappa, vous m'entendez ? Tout va bien ? » répète Margaux en parlant bien fort.

La dame aux cheveux blancs et au corps frêle hoche très légèrement la tête. Sa main, parsemée de taches de vieillesse, agrippe le poignet de Margaux.

« Ne partez pas !

– Je ne pars pas, je reste avec vous.

– Ah très bien. »

Émilie, l'une des collègues de Margaux, les rejoint dans la chambre. La jeune femme, dont le visage poupin est habillé de lunettes noires, se penche au chevet de la vieille dame.

« Madame Kappa, ça va ?

– Bon, reste avec elle, je vais préparer la bassine. On ne va pas trop l'embêter ce matin, on va lui faire une petite toilette au lit », décide Margaux.

« Je vais vous laver d'accord ? Vous allez vous tourner, on va vous aider. »

Avec précaution, Margaux et Émilie font pivoter la résidente sur le flanc.

« Oh j'ai peur !

– Tout va bien, ne vous inquiétez pas, nous sommes là. »

Peu à peu, sans doute réconfortée par la présence des deux aides-soignantes et leurs gestes rassurants, madame Kappa retrouve des couleurs. Un léger sourire apparaît sur son visage. Elle semble désormais apaisée.

« Ah bah ça va mieux on dirait ! Vous êtes revenue parmi nous !

– Vous savez, je ne suis pas là par plaisir, se lamente madame Kappa. On m'a portée ici comme un paquet de linge sale !

– Oh ça, ce n'est pas vrai, réplique Margaux. Je connais vos garçons et je sais qu'ils vous aiment plus que tout !

– Oh ça me fait plaisir ce que vous dites ! Ils sont gentils, hein ?

– Adorables !

– Mes enfants, je voudrais les voir !

– Ils vont peut-être venir aujourd'hui. Ils viennent souvent vous voir, n'est-ce pas ?

– Oui c'est vrai. Pourquoi on me les a enlevés ?

– On ne vous les a pas enlevés, vous les avez toujours madame Kappa ! Est-ce que vous êtes bien installée comme ça ?

– Oui, ça va.

– Je vous laisse ?

– Eh oui, toute seule…

– Je suis vraiment désolée, mais je n'ai pas le temps de rester discuter avec vous. J'aurais bien aimé pourtant ! »

Madame Kappa s'accroche à nouveau à la main de Margaux. Elle veut la retenir, lui parler. Je lis de la tristesse dans son regard. J'interroge alors l'aide-soignante : ne peut-elle pas rester encore un peu avec cette résidente ? « Non, c'est vraiment impossible. Il est déjà 10 h 30, on a encore pas mal de toilettes à faire avant le déjeuner. Et si le repas est décalé, tout est décalé et ça se répercute sur le travail de mes collègues. Donc il faut vraiment optimiser notre temps le mieux possible. » Margaux repart en promettant néanmoins à madame Kappa de repasser la voir dès qu'elle le pourra.

Il est midi passé. Après une douzaine de toilettes – et seulement 10 minutes de pause –, Margaux retrouve ses collègues des autres étages sur la terrasse de l'établissement. Toutes partagent le même sentiment de frustration. L'impression de tout faire en courant, sans pouvoir s'occuper comme elles le voudraient des résidents. « Vous avez vu ce matin, j'ai enchaîné les toilettes, me dit Margaux. On gère l'urgence, on préserve la dignité de chacun, c'est vraiment la priorité, mais ce n'est pas l'idéal. On ne peut pas vraiment passer du temps avec les résidents, ni même réaliser tous les soins qu'on devrait faire : bien leur couper les ongles, leur mettre de la crème, maquiller les femmes, etc. Pour bien faire, il faudrait qu'on soit au moins un ou deux de plus par équipe le matin. Après, c'est vrai que la direction fait tout ce qu'elle peut pour améliorer nos conditions de travail. On a tout le matériel nécessaire : des lève-malades, des verticalisateurs, et on nous propose énormément de formations pour apprendre les bons gestes et les bonnes postures, comment ne pas se faire mal au dos, ni faire mal au résident, ou bien pour savoir comment se comporter en fonction de certaines pathologies. C'est vraiment super. On a même droit à des séances de sophrologie et d'ostéopathie si on le souhaite. Mais, malheureusement, tout ça ne remplace pas le manque d'effectifs. »

Deux animatrices pour 165 résidents

Au fil de la journée, je vais m'en rendre compte, à chaque poste ou presque, le personnel travaille à flux tendu. L'équipe d'animation comprise. Dans cet établissement, elles sont deux titulaires pour 165 résidents. « Heureusement, en ce moment nous avons l'aide de Morgane, qui est en contrat aidé, explique Ludivine, l'une des deux animatrices. Sans elle, c'est vraiment très compliqué à gérer ! » Cette brune d'une trentaine d'années à l'accent chantant, énergique et pleine de vie, ne se départit presque jamais de son large sourire. Gymnastique, chant, loto, médiation animale… Chaque jour, au moins une animation est proposée aux résidents. Cet après-midi-là, c'est peinture sur verre. « Quelques personnes sont déjà en bas, on va aller chercher les autres. » Sa liste de participants en main, Ludivine se dirige vers l'unité de vie Gauguin.

« Bonjour madame Paloma ! On va descendre pour la peinture ? Vous êtes prête ?

– Oui, oui !

– Allez, c'est parti ! »

Ludivine prend la dame par le bras et l'accompagne jusqu'à l'ascenseur. Il est 13 h 45. L'animatrice doit emmener une quinzaine de résidents, un par un, dans la grande salle d'activités de l'EHPAD. Certains sont en fauteuil roulant, d'autres nécessitent une aide pour se déplacer. « L'animation ne démarre qu'à 14 h 30, précise Ludivine, mais pour accompagner tout le monde, ça prend beaucoup de temps ! Encore aujourd'hui, ça va, on est deux, mais quand je suis seule, je dois commencer à aller chercher les résidents plus d'une heure avant ! »

Arrivée au rez-de-chaussée, Ludivine aide madame Paloma à s'asseoir à l'une des tables de la salle d'activités. Puis, elle retourne dans les étages. Près d'une heure plus tard, les résidents sont tous installés. L'atelier peut enfin démarrer.

« Madame Paloma, quelles couleurs voulez-vous ?

– Qu'est-ce que vous me conseillez pour ma fleur ?

– Du rouge ? Ou du rose peut-être pour les pétales ?

– Oui, du rose ! Et du vert pour les feuilles.

– D'accord, ça marche. »

Ce jour-là, quatre bénévoles sont venus prêter main-forte aux deux animatrices. Mais, même avec six encadrants, le nombre de participants ne peut pas dépasser une quinzaine. « On est obligés de limiter le nombre de résidents car cette activité demande beaucoup d'attention, explique Ludivine. Comme vous pouvez le constater, ils nous sollicitent pour le choix des couleurs, il faut les aider à ouvrir les pots, verser la peinture dans les coupelles. Certains sont assez autonomes mais d'autres ont vraiment besoin d'être stimulés, sinon ils s'ennuient. » Pinceau à la main, madame Paloma applique la peinture sur son cadre de verre donnant vie à une rose. À côté d'elle, madame Cabas colore minutieusement des petits bonshommes en forme de bougie. Ses doigts sont habiles et ses gestes étonnamment précis. L'ambiance est joyeuse et chaleureuse. « Ce type d'atelier est très important pour permettre aux personnes âgées de conserver leurs facultés, précise Ludivine. Ce n'est pas simplement une activité pour les occuper. Derrière chaque animation, il y a pratiquement toujours un travail cognitif. C'est primordial pour que leur état ne se dégrade pas davantage. »

Mais qu'en est-il des 140 autres résidents qui n'ont pas souhaité ou pas pu participer à l'activité cet après-midi-là ? « Ils restent dans les unités de vie, me dit Ludivine. Soit ils s'occupent d'eux-mêmes, soit ils attendent. C'est très frustrant parce qu'on ne peut pas s'occuper de tout le monde en même temps. Et quand on choisit de faire ce métier, c'est pour faire plaisir aux résidents, passer du temps avec eux, faire en sorte qu'ils soient bien. On fait un roulement pour permettre à chacun de participer aux animations et on essaie de varier le plus possible les activités pour satisfaire tous les goûts et les capacités de chacun. Mais on ne peut malheureusement pas se dédoubler ! » Dans les étages, je constate en effet que les autres résidents n'ont d'autre choix que de patienter jusqu'à l'heure du goûter. La plupart sont regroupés dans les petits salons communs, assis sur des chaises ou dans leur fauteuil roulant, et attendent en silence que le temps passe. Certains déambulent dans les couloirs, d'autres regardent la télévision dans leur chambre. Les plus chanceux reçoivent la visite d'un proche.

Les rayons de soleil de Cadours

La journée des résidents est aussi égayée par le passage des équipes de ménage. À quelques kilomètres de là, dans la petite ville de Cadours, je me rends sur le second site de la résidence Saint-Jacques. Le bâtiment est plus petit que celui de Grenade et accueille seulement 60 résidents. C'est un lieu chaleureux, baigné de lumière. Avec leur gros chariot rempli de produits ménagers, Sabrina, petite brune à la peau mate, et Aline, blonde aux yeux clairs, passent de chambre en chambre. Elles sont agents de service hospitalier (ASH). Ce sont elles qui sont chargées de l'entretien de tout l'établissement. Chaque jour, elles ont une trentaine de chambres à nettoyer en plus des parties communes.

« Bonjour monsieur Labatut ! Comment ça va aujourd'hui ? lance Sabrina en pénétrant dans la chambre du résident, après avoir frappé à sa porte.

– Oh, ça va ! Toujours pareil », lui répond le monsieur aux cheveux blancs et à la fine moustache, assis sur son fauteuil. Il porte un pull et un pantalon sombre retenu par deux larges bretelles.

« Vous n'avez pas trop chaud avec ce pull ? lui demande Aline.

– Non, ça va.

– Vous êtes sûr ? N'oubliez pas de boire de l'eau, c'est important !

– Oui, oui.

– Et alors, on n'a pas de musique ce matin ? »

Le résident se redresse tout doucement. Ses yeux ronds pétillent derrière ses lunettes noires.

« Voulez-vous que je vous aide ?

– Non, laissez-moi faire !

– D'accord, je vous laisse. Alors qu'est-ce que vous allez nous mettre de sympa ce matin ? Parce que vous en avez de la musique ! »

Monsieur Labatut avance à petits pas vers sa bibliothèque, remplie de disques, de DVD, d'albums et de cassettes vidéo. Les souvenirs de toute une vie. Pendant ce temps-là, chiffon et serpillière à la main, les deux femmes s'activent. Elles époussettent, nettoient, vident les poubelles. Leurs gestes sont rapides et bien rodés. Comme le reste du personnel, elles aussi ont un temps imparti : environ six minutes par chambre. Mais elles profitent toujours de ce bref passage pour discuter avec les résidents. « Notre travail va bien au-delà du ménage, m'explique Aline en lavant le sol. C'est ça qui me plaît. On a presque un rôle d'animation, en fait. On discute avec les résidents, on rigole avec eux. On vérifie aussi qu'ils s'hydratent bien, qu'ils ne manquent de rien.

À force, on connaît chaque personne, toutes ses habitudes et ses petits rituels. »

« Alors, elle arrive cette musique monsieur Labatut ? J'ai bientôt terminé la chambre ! » s'exclame Aline en rigolant.

Le vieil homme insère un CD dans son lecteur. Des notes d'accordéon s'élèvent.

« Ah Yvette Horner ! s'écrie Sabrina. Oh elle est belle cette musique ! Vous avez dansé dessus, hein ?

– Oh oui, aux soirées dansantes !

– Ah ça vous émeut d'en parler on dirait ! Vous levez les pieds s'il vous plaît que je passe la serpillière ? »

L'équipe de ménage termine son travail en musique.

« À plus tard, monsieur Labatut ! N'oubliez pas de boire surtout ! » lui recommande Aline en repartant.

Les deux ASH continuent leur tournée. À l'étage du dessous, elles vont chercher la cage de Pollux, le cochon d'Inde de l'EHPAD et le chouchou de madame Paros.

« Bonjour madame Paros ! Regardez qui voilà !

– Ah mon petit Pollux ! »

Un large sourire éclaire le visage de la résidente. Allongée sur son lit, la dame regarde affectueusement le petit animal dont les yeux sont cachés par ses longs poils blonds. « Tu manges ? Alors, mon petit Pollux, tu ne me réponds pas ? » lui murmure madame Paros. Pendant qu'Aline s'affaire dans la salle de bains, Sabrina, elle, nettoie la chambre. Elle m'explique que madame Paros souffre de la maladie d'Alzheimer. Auparavant, elle travaillait dans une ferme avec son mari, aujourd'hui décédé. « On sait qu'elle aime beaucoup les animaux. Alors, dès qu'on peut, on lui apporte le cochon d'Inde ou parfois les perruches. De manière générale, les animaux ont un impact très positif sur les résidents. »

« On vous laisse avec Pollux madame Paros. On viendra le chercher tout à l'heure, d'accord ?

– Oui, merci ! »

Aline et Sabrina quittent la chambre et s'éloignent en poussant leur chariot. Elles ont encore une vingtaine de chambres à nettoyer. Elles n'ont pas le temps non plus de s'attarder. « Notre passage, aussi bref soit-il, est important pour les résidents, m'assure Aline. Certains nous appellent d'ailleurs leur "petit rayon de soleil" ! Et ça, ça nous fait chaud au cœur ! »

Cinq minutes pour coucher un résident

C'est sans conteste au moment du coucher que le manque de personnel est le plus criant. Sur le site de Grenade, il est 19 h 15, le repas se termine tout juste. Jean-Luc et Marie-Pierre, qui ont pris leur poste dans l'après-midi, s'apprêtent à coucher les résidents. Ce soir, ils ne sont que deux aides-soignants au lieu de trois. Un de leur collègue est absent et il n'est pas remplacé, faute de moyens. Ils vont devoir travailler en mode « dégradé », comme ils disent. Mais ils ont l'habitude.

« Vous allez voir, c'est sportif, plaisante Jean-Luc, le regard espiègle et la carrure imposante. Quand c'est comme ça, on ne s'arrête pas souvent pour boire un verre d'eau, je vous le dis !

– Oh ça oui, le soir, c'est toujours la course ! » renchérit Marie-Pierre, lunettes au nez et les cheveux acajou coupés court.

Le compte à rebours est lancé. Les deux soignants ont une heure et demie pour coucher la quarantaine de résidents de leur étage. Soit environ cinq minutes par personne, lorsqu'ils travaillent en mode « dégradé » : cinq minutes pour accompagner chacun dans sa chambre, l'aider à aller aux toilettes, le changer, le mettre en pyjama et l'installer dans son lit. Mais comment aller aussi vite lorsque l'on accompagne une personne âgée ?

« Allez monsieur Teller, c'est l'heure d'aller dans votre chambre ! » lance Jean-Luc.

Appuyé sur son déambulateur, monsieur Teller, la silhouette grande et fine, se lève péniblement de sa chaise.

« Je l'emmène au garage !

– D'accord, monsieur Teller. Allez, on y va ! Venez avec moi ! »

Lentement, l'homme traverse la salle à manger, en faisant des pauses régulièrement. Malgré les minutes qui défilent, Jean-Luc n'a d'autre choix que de s'adapter au rythme du résident.

« Non, pas par là, par ici, monsieur Teller !

– C'est ma chambre ?

– Eh oui c'est votre chambre !

– Et là c'est mon lit ?

– Oui, bien sûr ! » La fatigue se lit sur le visage de Jean-Luc, mais il demeure calme et patient. Il aide monsieur Teller à aller aux toilettes et à se changer pour la nuit. Puis, Marie-Pierre le rejoint pour l'aider à coucher le résident, assis au bord du lit.

« Mettez vos mains sur votre ventre, monsieur Teller. Moi je reste derrière vous, d'accord ? »

Tandis que Marie-Pierre le tient par le haut du corps, Jean-Luc attrape ses jambes.

« Un, deux, trois, on y va ! » D'un geste précis, les deux aides-soignants font pivoter monsieur Teller et l'allongent sur son lit.

« Et voilà ! Vous êtes bien comme ça ? »

– Oui merci ! »

Positionner l'oreiller derrière la tête, remonter la couverture, installer les barrières de sécurité du lit, rapprocher la sonnette, allumer la lampe de chevet, fermer les volets, etc. Les gestes des deux soignants sont rapides et rodés. Ils enchaînent les couchers au pas de course, tout en demeurant à l'écoute des résidents.

« Vous me mettrez un peu de pommade ? leur demande madame Barillet.

– Mais bien sûr ! lui répond Jean-Luc.

– Et vous m'approcherez ma table de nuit, s'il vous plaît Marie-Pierre ?

– Oui, il n'y a pas de souci ! Comme ça ? Je vous allume la lumière ?

– Oui celle-là et vous éteindrez l'autre !

– D'accord. »

Au même moment, monsieur Topaz apparaît dans l'embrasure de la porte.

« Que faites-vous là, monsieur Topaz ? Attendez-nous dans votre chambre, s'il vous plaît, nous allons venir. »

Impossible pour Jean-Luc et Marie-Pierre de se dédoubler. Ils ne peuvent pas abandonner madame Barillet, qu'ils sont en train d'installer dans son lit, pour aller s'occuper de monsieur Topaz.

« Voilà votre serviette et votre couverture. C'est bon madame Barillet, vous êtes bien installée ? Vous avez tout ce qu'il vous faut ?

– Oui je crois que c'est bon.

– On vous dit bonsoir alors. À demain madame Barillet !

– Merci ! À demain ! Éteignez bien la lumière en sortant ! »

Dans le couloir, les deux aides-soignants tombent nez à nez avec monsieur Topaz qui les attend toujours. Comme lui, une autre résidente déambule, un peu désorientée.

« Allez venez avec moi, monsieur Topaz, lui dit Jean-Luc.

– Et vous ? demande Marie-Pierre à madame Louis. Vous voulez aller vous coucher ?

– Non. »

Marie-Pierre prend la dame par le bras et l'accompagne dans le petit salon.

« Venez avec moi, je vais vous mettre la télévision. Vous voulez un verre d'eau ?

– Je préférerais du vin !

– Ah mais je n'ai pas de vin, je peux vous donner de la grenadine si vous voulez ?

– D'accord. »

Soudain, une sonnette retentit. C'est madame Barillet. On l'entend crier au fond du couloir. Marie-Pierre s'empresse de retourner dans sa chambre.

« Que se passe-t-il madame Barillet ?

– C'est ma compote qui est tombée !

– D'accord, tenez ! Vous voulez la manger maintenant ?

– Oui, vous pouvez me l'ouvrir s'il vous plaît ?

– Bien sûr ! Et voilà.

– Merci beaucoup.

– Avec plaisir, madame Barillet ! »

Après avoir apporté un verre de grenadine à madame Louis, Marie-Pierre rejoint Jean-Luc à l'autre bout de l'unité pour l'aider à coucher les autres résidents. En chemin, elle tombe sur monsieur Topaz, en pyjama, qui erre à nouveau dans les couloirs.

– Et alors monsieur Topaz ? Vous n'êtes pas dans votre chambre ? »

Visiblement, lui non plus n'a pas envie de se coucher.

« C'est l'angoisse de la nuit, m'explique Marie-Pierre. Ils ont souvent peur d'aller dormir et de se retrouver seuls dans leur chambre. Ils veulent être près de nous. Le problème, c'est qu'on n'est pas assez nombreux pour rester bavarder avec eux. »

L'horloge tourne. Jean-Luc et Marie-Pierre ont une dernière résidente à installer dans son lit.

« Est-ce que ça va comme ça la tête, madame Paloma ?

– Oui.

– On n'a rien oublié ? Ah si, votre mouchoir ! Tenez !

– Merci.

– Avec plaisir ! Je vous dis bonne nuit.

– Moi aussi je vous dis bonne nuit. À demain !

– À demain, madame Paloma ! »

Jean-Luc et Marie-Pierre sortent de la chambre, l'air épuisé. Je leur demande s'ils ont parfois l'impression d'être maltraitants.

« Oui, me répond Jean-Luc. Involontairement, bien entendu ! Mais vu la rapidité de nos gestes, c'est sûr. » Cela fait 28 ans qu'il exerce ce métier. « J'aime ce travail, j'adore les personnes âgées et je fais du mieux que je peux. Mais il y a des moments, c'est vrai, où ça tire…

– C'est très dur, rebondit Marie-Pierre. On devrait être au minimum quatre le soir pour bien faire, soupire-t-elle. Là, vous voyez, on court sans arrêt. On a l'impression de tout faire à la va-vite, c'est malheureux. C'est vraiment le manque de temps le problème. »

Le temps, le temps, le temps, toujours le temps. Pour combler ce manque de temps perpétuel, comme souvent, les deux aides-soignants finissent plus tard que prévu ce soir-là. Il est plus de 21 heures lorsqu'ils rejoignent Fabienne, l'aide-soignante de nuit, pour les transmissions. Ce passage de relais entre les équipes permet d'assurer la bonne continuité des soins.

« Est-ce qu'il y a des choses en particulier ? demande Fabienne.

– Non, juste deux retards de selles. Monsieur Gaillard et madame Bertrand. Je les ai notés.

– D'accord.

– Sinon, monsieur Topaz ne voulait pas aller dans sa chambre. Et madame Louis non plus.

– Eh oui, j'ai vu en arrivant qu'ils n'étaient pas couchés. C'est pas un souci, je m'en occuperai. »

« Où est donc passé monsieur Topaz ? »

Si Jean-Luc et Marie-Pierre font en sorte de coucher le maximum de personnes le soir, c'est parce qu'après leur départ, Fabienne se retrouve seule pour veiller sur les 42 résidents qui occupent l'unité. À chaque étage de l'EHPAD, il n'y a qu'une seule aide-soignante la nuit. Aucune infirmière, ni aucun médecin n'est présent sur place. « S'il y a un problème, je peux appeler une collègue d'une autre unité, m'explique Fabienne. Et en cas d'urgence, un résident blessé suite à une chute par exemple, ou une personne complètement délirante qu'on ne parvient pas à contrôler, je peux également contacter une infirmière d'astreinte ou bien directement le 15. »

Après avoir réussi à convaincre monsieur Topaz et madame Louis de regagner leurs chambres, Fabienne fait le tour de tous les résidents pour leur apporter de la tisane et une petite collation. Elle leur distribue également leurs médicaments, préalablement préparés par une infirmière. Puis, elle descend dans le hall avec une collègue d'une autre unité pour s'assurer que tout est bien fermé et qu'aucun intrus ne peut pénétrer dans l'établissement. Les deux soignantes parcourent les longs couloirs vides. Elles éteignent les lumières restées allumées, verrouillent les portes des bureaux et ferment tous les volets. « Bon, les cuisines, c'est rare qu'elles restent ouvertes, mais je vais quand même vérifier, on ne sait jamais ! »

De retour dans son unité, Fabienne entame sa première ronde de nuit. Avec son grand chariot rempli de protections, de lingettes et de draps propres, elle passe à nouveau de chambre en chambre. Elle ouvre discrètement la porte, passe une tête pour s'assurer que tout va bien, referme la porte tout doucement et repart. Certains résidents se sont endormis la télévision encore allumée, d'autres lisent encore.

« Bonsoir, c'est la veilleuse de nuit !

– Qu'est-ce qu'il se passe ?

– Rien, je fais mon petit tour de ronde. Tout va bien ?
– Oui.
– Qu'est-ce que vous lisez ?
– Jean Ferrat. Ah, c'était quelqu'un !
– C'est sûr. Il est beau ce livre.
– Eh oui ! Je l'aime beaucoup.
– Je vous souhaite une bonne nuit. À demain !
– Moi aussi, merci de votre visite ! »

Dans l'une des chambres, Fabienne est alertée par une forte odeur d'urine et de selles. Allongée dans son lit, la dame dort. « En général, si la personne est dans un sommeil profond, j'évite de la réveiller en pleine nuit même si sa protection nécessite d'être changée, ou alors j'attends la prochaine ronde, me chuchote Fabienne. Mais dans un cas comme celui-là, je suis obligée de tout changer, y compris les draps. Je ne peux pas la laisser toute la nuit dans un lit souillé, ce n'est pas possible. D'abord pour son confort, mais aussi pour éviter les irritations. » L'aide-soignante attrape une protection neuve, des lingettes et des draps propres et pénètre dans la chambre à pas feutrés. Tout bas, elle s'adresse à la résidente :

« Excusez-moi, madame, je vais être obligée de vous changer et après je vous laisse dormir, d'accord ?
– Hum…
– Je me dépêche ! J'allume la petite lumière, ça ne vous dérange pas ?
– Non, non, allez-y. »

Encore à moitié endormie, la résidente suit les consignes de Fabienne.

« Je vous laisse vous tourner ? Très bien !

– Oh c'est froid !

– Je suis désolée. Je vous mets un petit peu de crème. Très bien, allez, remettez-vous sur le dos. Voilà, c'est fini. Je vous remonte un peu la tête pour que vous soyez mieux installée.

– Merci !

– Allez bonne nuit, à demain ! »

Fabienne repart et poursuit sa tournée dans la pénombre et le silence.

« Ce soir c'est calme, tout le monde dort, ce n'est pas tout le temps comme ça. C'est parce que vous êtes là ! me dit-elle en riant.

– Qu'est-ce qu'il peut arriver parfois ?

– Que des résidents se lèvent, déambulent, se perdent dans les couloirs, crient, etc. Là il faut gérer la situation, ce n'est pas toujours évident. »

Soudain, alors qu'elle entrouvre une porte, Fabienne s'arrête, interdite. « Ah ça alors ! Monsieur Topaz n'est plus dans sa chambre ! Bon, c'est un résident qui déambule souvent, il se promène, il ne doit pas être bien loin… » C'est reparti. Silencieusement et toujours dans le noir, Fabienne revient sur ses pas et repasse de chambre en chambre. Elle ouvre les pièces réservées au personnel, inspecte les moindres recoins, ainsi que toutes les parties communes de son étage. Mais aucune trace de monsieur Topaz. « C'est pas possible ! Où c'est qu'il peut bien être ? » Ne le trouvant nulle part, Fabienne décide d'appeler sa collègue de l'étage inférieur.

« Dis, j'ai perdu un résident ! Monsieur Topaz n'est plus dans sa chambre ! Tu peux regarder s'il n'est pas descendu chez toi par hasard ? De mon côté, je vais aller voir à l'unité Monet. »

À l'étage du dessus, Fabienne croise une autre collègue.

« Élodie, tu n'aurais pas vu monsieur Topaz ?

– Non !

– Oh là là… Mais ce n'est pas possible ! »

Je sens l'inquiétude monter chez Fabienne. Inlassablement, elle repasse de chambre en chambre, plusieurs fois de suite, toujours silencieusement et toutes lumières éteintes pour éviter de réveiller les résidents. Enfin, elle finit par retrouver monsieur Topaz, deux chambres après la sienne. Il s'était tout simplement endormi dans le fauteuil d'une résidente. Dans la pénombre, Fabienne ne l'avait pas vu lors de ses précédents passages. Discrètement, elle le raccompagne dans sa chambre, l'aide à s'installer dans son lit et referme la porte, soulagée.

« Ouf ! Vous voyez, qu'est-ce que je vous disais ? C'est souvent animé la nuit ! Bon, allez, je continue ma tournée ! »

Au total, Fabienne effectue trois rondes durant toute la nuit. Elle est relayée à l'aube par l'équipe du matin.

Un sentiment de frustration permanent

Mon immersion se termine. Tous les membres du personnel que j'ai pu suivre sont investis dans leur travail et profondément attentionnés envers les personnes âgées qu'ils accompagnent. Ils font preuve à la fois de professionnalisme, de calme et de douceur. J'ai beaucoup d'admiration à leur égard. Pourtant, le constat au bout de ces 24 heures est sans appel : tout le personnel, et notamment les soignants, manque cruellement de temps pour bien faire son travail.

Un constat que le directeur de l'établissement, Didier Carles, est le premier à regretter. Ce grand monsieur à l'air affable ne cache pas son désarroi. « Mes équipes et moi-même vivons avec un sentiment de frustration permanent. Nous savons parfaitement tout ce qu'il faudrait faire pour accompagner les résidents dans les meilleures conditions, mais il y a souvent un décalage avec ce que nous pouvons réellement accomplir. On doit vivre avec l'idée que nous n'avons pas réalisé pleinement ce que nous aurions dû faire. Cet écart est compliqué à accepter et à gérer. Par exemple, expliquer aux résidents et à leurs familles que nous ne pouvons pas donner plus d'une douche par semaine, y compris en plein été, c'est quelque chose de très difficile pour les professionnels. Et pour moi aussi, forcément ! Car, en tant que directeur, j'aimerais avoir plus de moyens et pouvoir recruter davantage de personnel. Malheureusement, je ne peux pas aller au-delà des dotations qui me sont allouées par les pouvoirs publics, et notamment l'État. »

Un manque de personnel criant dans tous les EHPAD

La situation à la résidence Saint-Jacques est représentative de la très grande majorité des EHPAD de France. Dans cet établissement, le taux d'encadrement – c'est-à-dire le nombre de personnel par rapport au nombre de résidents – est même légèrement supérieur à la moyenne. Pour calculer le taux d'encadrement d'un établissement, il faut rapporter les effectifs du personnel en équivalent temps plein (ETP) au nombre de résidents. Ainsi, à la résidence Saint-Jacques, le taux d'encadrement est de 72 ETP pour 100 résidents. Or, selon les derniers chiffres publiés par la DREES[8], le taux d'encadrement moyen en EHPAD est de 63 ETP pour 100 résidents. Un taux largement insuffisant au regard du degré de dépendance et des besoins des personnes âgées accueillies, selon de multiples rapports parus ces dernières années.

Parmi eux, celui de Dominique Libault remis au gouvernement en mars 2019[9]. Le président du Haut Conseil du financement de la protection sociale affirme ainsi que « la présence humaine auprès des résidents en EHPAD, mesurée à travers le taux d'encadrement, est aujourd'hui insuffisante, malgré les améliorations récentes ». De même, la Défenseure des droits, Claire Hédon, estime dans un récent rapport publié en mai 2021[10] que « le droit à l'accompagnement individualisé et adapté est compromis par le manque de moyens, humains et financiers, des établissements ». Elle souligne ainsi « l'existence d'un décalage important entre les besoins des résidents et les effectifs réellement proposés par les EHPAD », ce décalage ne permettant pas « une prise en charge respectueuse des droits du résident ». Face à ce constat alarmant, la Défenseure des droits recommande de fixer un ratio minimal de personnel en EHPAD équivalent à 80 ETP pour 100 résidents, tout personnel confondu.

---

8. Mahel BAZIN et Marianne MULLER, DREES, « Le personnel et les difficultés de recrutement dans les EHPAD », *Études et Résultats*, n° 1067, juin 2018.
9. Dominique LIBAULT, *Concertation Grand âge et autonomie*, mars 2019.
10. Défenseur des Droits, *op. cit.*, 2021.

Mais pour améliorer la prise en charge, c'est surtout le nombre de soignants qu'il faut augmenter, selon Caroline Fiat et Monique Iborra. Les deux députées La France insoumise et La République en marche ont coécrit un rapport édifiant sur la situation des EHPAD[11], paru en mars 2018. Elles affirment que les « sous-effectifs considérables au regard des besoins médicaux des résidents engendrent à la fois une dégradation des conditions de travail et une maltraitance institutionnelle ». Leur constat est simple : les personnes hébergées en EHPAD sont de plus en plus âgées, de plus en plus malades et de plus en plus dépendantes. En effet, selon les chiffres de la DREES[12], près des deux tiers des résidents ont plus de 85 ans et plus de neuf résidents sur 10 ont une perte d'autonomie importante allant du GIR 1 au GIR 4 (voir encadré). Cette augmentation du degré de dépendance alourdit particulièrement la charge de travail du personnel « au chevet » des résidents, c'est-à-dire les aides-soignants et les infirmiers. Les deux députées indiquent que ces soignants représentent en moyenne 30 ETP pour 100 résidents[13]. Selon elles, il faudrait doubler leur nombre pour accompagner correctement les personnes âgées. Pour preuve, elles s'appuient sur les travaux menés par la Fédération hospitalière de France et le Syndicat

11. Caroline FIAT et Monique IBORRA, *Rapport d'information en conclusion des travaux de la mission sur les établissements d'hébergement pour personnes âgées dépendantes (EHPAD)*, mars 2018.

12. Marianne Muller, DREES, « 728 000 résidents en établissement d'hébergement pour personnes âgées en 2015, Premiers résultats de l'enquête EHPAD 2015 », *Études et Résultats* n° 1015, juillet 2017. Graphique 2, p. 4.

13. Selon les derniers chiffres de la DREES, le taux de soignants (infirmiers et aides-soignants notamment) est de 28,1 ETP pour 100 résidents.

national de gérontologie clinique (SNGC) en 2009. Selon ces travaux, un ratio de 60 soignants pour 100 résidents « permet d'assurer une toilette adaptée chaque jour, et un bain tous les 15 jours. Il permet aussi de suivre l'état cutané et d'assurer une prévention d'escarres, des soins de nursing journaliers et un habillage soucieux de l'image corporelle du résident », alors qu'un ratio de 30 soignants pour 100 résidents « n'autorise qu'une seule toilette, aux gestes plus rapides, prodiguée le plus souvent au lit et de manière partielle. En outre, le bain n'est plus donné tous les 15 jours (shampoing non fait, soins d'ongles et soins de bouches non faits, entretien de la prothèse dentaire non régulier) et les soins de nursing restent succincts. »

COMMENT ÉVALUER LA DÉPENDANCE D'UNE PERSONNE ÂGÉE ?

Pour évaluer la perte d'autonomie d'une personne âgée et donc son degré de dépendance, les professionnels s'appuient sur la grille AGGIR (autonomie, gérontologie, groupes iso-ressources). Cette grille permet de mesurer la capacité d'une personne à accomplir 10 activités physiques et mentales, comme faire sa toilette, s'habiller ou se déplacer, ainsi que sept activités domestiques et sociales, comme préparer le repas ou faire le ménage. En fonction des résultats de cette évaluation, la personne âgée est classée dans l'un des six groupes iso-ressources, appelés GIR. Ainsi, le GIR 1 correspond aux situations de dépendance les plus élevées pour des personnes confinées au lit ou au fauteuil et dont les fonctions mentales sont gravement altérées au point qu'elles nécessitent la présence indispensable et continue d'intervenants. Le GIR 6 correspond au niveau de dépendance le plus faible pour des personnes encore autonomes pour les actes essentiels de la vie courante. Seules les personnes classées en GIR 1 à 4 peuvent bénéficier de l'Allocation personnalisée d'autonomie (APA). Cette allocation prend en charge une partie du tarif « dépendance » facturé aux résidents.

Pourquoi un tel déficit de personnel ?

Pourquoi un tel déficit de personnel dans les EHPAD ? La réponse est évidemment financière. Quel que soit leur statut, les EHPAD ont un financement tripartite. Le budget « soins », c'est-à-dire les dépenses liées au personnel soignant et aux soins médicaux, est financé par l'assurance maladie. Le budget « dépendance », qui permet de financer l'aide et la surveillance des personnes âgées, est pris en charge principalement par les départements. Et enfin, le budget « hébergement », qui comprend les prestations d'hôtellerie, de restauration, d'entretien et d'animation, est entièrement à la charge du résident.

Ainsi, chaque EHPAD, qu'il soit public ou privé, reçoit une enveloppe de l'État et des départements pour recruter du personnel soignant. Le montant de cette enveloppe dépend du nombre de résidents, de leur degré d'autonomie et des besoins en soins[14]. Pour la résidence Saint-Jacques où je me

14. En 2015, la loi relative à l'adaptation de la société au vieillissement (ASV) a modifié la tarification des EHPAD. Auparavant, le financement des EHPAD

suis rendue, l'enveloppe équivaut à 34 soignants (infirmiers et aides-soignants principalement) pour 100 résidents. Selon Didier Carles, le directeur de l'établissement, impossible de recruter davantage que le nombre de soignants alloué, car son établissement – public hospitalier – n'en a tout simplement pas les moyens. Idem pour le reste du personnel, comme les animateurs ou les agents d'entretien. Ces postes sont financés par le tarif d'hébergement payé par chaque résident. « La seule solution serait d'augmenter ce tarif d'hébergement, explique Didier Carles. Mais, là encore, c'est impossible car mon établissement est habilité à l'aide sociale et le tarif journalier est fixé par le Conseil départemental. Il est donc plafonné à 61 euros par jour. Et même si je le pouvais, il n'est pas souhaitable d'augmenter ce prix, car on ne peut décemment pas demander aux résidents de payer encore plus cher, alors qu'ils sacrifient déjà toutes leurs économies pour pouvoir être hébergés en EHPAD. Ce n'est pas normal que ces frais d'hébergement ne soient pas mieux pris en charge par l'État. Il y a véritablement une réflexion à mener afin de repenser entièrement le financement de nos établissements. »

De même, les établissements privés non lucratifs, de par leur statut, n'ont pas forcément les moyens d'embaucher plus de personnel que ce que leur permettent de financer les dotations publiques et le tarif d'hébergement versé par les résidents. Mais qu'en est-il des EHPAD privés commerciaux ?

était guidé par la règle que le tarif « soins » ne pouvait pas servir à financer le volet « dépendance », et vice-versa. Désormais, on ne parle plus de tarif mais de forfait pour le financement des soins et de la dépendance.

Dans le secteur des maisons de retraite médicalisées, trois grands groupes privés lucratifs arrivent en tête du podium : Korian, ORPEA et Domus Vi. Chacun de ces groupes possède plusieurs centaines d'établissements en France et dans le monde et deux d'entre eux sont même cotés en Bourse[15]. Derrière ces trois géants, une dizaine d'autres groupes se disputent le reste du classement. Parmi eux : Colisée, LNA Santé, Domidep, Maisons de famille, ou encore SGMR Les Opalines. La plupart de ces groupes commerciaux dégagent d'importants bénéfices, pour ne pas dire colossaux pour certains, allant jusqu'à plusieurs centaines de millions d'euros par an.

Nombre d'entre eux auraient donc en théorie largement les moyens d'embaucher plus de personnel soignant que ce que leur octroient les dotations publiques. Or, selon les derniers chiffres publiés par la DREES[16], le nombre de personnel soignant dans les EHPAD privés à but lucratif est beaucoup plus faible que dans les autres établissements : il est en moyenne de 23 ETP pour 100 résidents, contre 29 dans les EHPAD publics et pratiquement 37 dans les EHPAD publics hospitaliers. De même, alors que le prix de l'hébergement est beaucoup plus élevé dans les établissements privés commerciaux[17], leur taux d'encadrement tout personnel confondu – comprenant le personnel d'animation et les agents d'entretien entièrement à la charge du résident

15. Il s'agit des groupes Korian et ORPEA.

16. Mahel BAZIN et Marianne MULLER, DREES, *op. cit.*

17. En moyenne, les établissements privés à but lucratif appliquent des frais journaliers d'hébergement d'environ 10 euros plus élevés que dans le public, pour les places habilitées à l'aide sociale, et de 23 euros pour les autres. Source : Marianne MULLER, DREES, *op. cit.*, septembre 2017.

– est seulement de 57 ETP pour 100 résidents, alors que celui des établissements publics non hospitaliers avoisine les 70 ETP pour 100 résidents.

Pourquoi un tel écart dans le taux d'encadrement entre privé et public ? Selon une récente étude[18], « il est possible que les différences de statut juridique conduisent à des différences dans la gestion du personnel. Par exemple, les EHPAD privés commerciaux ont un recours plus important à l'externalisation (Bazin et Muller, 2018). Par ailleurs, les accords de réduction du temps de travail (RTT) sont en général plus généreux dans le public (Zilloniz et Beswick, 2017), conduisant à un nombre de jours de présence effective auprès des résidents plus faible à taux d'encadrement égal. Par conséquent, les EHPAD publics sont peut-être amenés à embaucher davantage de personnel, et donc à avoir un taux d'encadrement plus élevé, pour avoir un nombre de jours de présence effective similaire aux EHPAD privés. »

Quoi qu'il en soit, il est absolument faux de penser qu'en allant dans un établissement privé lucratif, et donc qu'en payant plus cher, l'encadrement et la prise en charge seront forcément de meilleure qualité.

18. François REYNAUD, DREES, « Le taux d'encadrement dans les EHPAD, ses déterminants et ses alternatives », *Les dossiers de la DREES* n° 68, décembre 2020.

Des soignants en souffrance

Ces sous-effectifs chroniques de personnel ont des conséquences non seulement sur la qualité d'accompagnement des résidents mais aussi sur les conditions de travail des soignants, très dégradées. Un rapport de la DREES[19], publié en 2016, en fait le triste constat. Cette enquête a été menée auprès du personnel de 30 EHPAD différents (publics, privés non lucratifs et privés commerciaux) répartis sur toute la France. L'enquête souligne que le degré de dépendance des résidents a augmenté ces dernières années, sans que cela soit compensé par un personnel suffisant : « La plus forte dépendance des résidents contribue à faire réaliser aux professionnels des prises en charge plus lourdes, demandant donc un temps accru, qui ne sont pas compensées par un accroissement des moyens humains. La *pression de la pendule*, autrement dit le travail dans l'urgence, est systématiquement mentionnée par les soignants : il s'agit de travailler vite, en ayant en tête la prochaine tâche ou le prochain résident, sans prendre le temps de *bien* travailler mais aussi de s'interroger sur la manière optimale ou adéquate de réaliser tel ou tel acte pour chacun des résidents. »

Cette souffrance au travail, les soignants n'ont eu de cesse de la dénoncer durant de nombreuses grèves qui ont éclaté un peu partout en France ces dernières années. La plus mémorable d'entre elles a duré 117 jours. Elle a eu lieu en 2017 à Foucherans, dans le Jura, au sein d'un EHPAD privé

19. DREES, « Des conditions de travail en EHPAD vécues comme difficiles par des personnels très engagés », *Les dossiers de la DREES* n° 5, septembre 2016.

lucratif appartenant au groupe SGMR Les Opalines. Parmi les grévistes : Anne-Sophie Pelletier, devenue aujourd'hui députée européenne de La France insoumise. Avant de s'engager en politique, Anne-Sophie Pelletier a consacré une grande partie de sa vie à s'occuper des personnes âgées à domicile puis en institution. Une expérience qui l'a « marquée au fer rouge » et qu'elle relate dans son livre, *EHPAD, une honte française*[20]. Je la rencontre pour la première fois chez elle à l'été 2018. La grève à Foucherans est terminée depuis plus d'un an et elle ne travaille plus là-bas, mais elle a conservé précieusement toutes les coupures de presse. « Je suis toujours très émue quand je les revois, parce que c'était un bon combat, me dit-elle. C'était une grève de la dignité qui a été victorieuse dans le sens où, aujourd'hui, on parle encore des EHPAD. Et ça, c'est notre plus belle victoire ! Elle n'a pas de prix ! » Cette grève a aussi permis d'obtenir deux postes de soignants supplémentaires dans l'établissement où elle était employée. Lorsque je l'interroge sur ses conditions de travail de l'époque, Anne-Sophie Pelletier ne mâche pas ses mots. Sa révolte est encore présente. « Tous les jours on se disait : "Je n'ai pas choisi ce métier pour travailler dans ces conditions-là." Et puis, on rentrait chez soi et on se demandait : "Est-ce que je reviens demain ? " Combien de mes collègues m'ont dit qu'elles préféreraient être à l'usine ? Parce qu'à l'usine vous êtes en face de machines et non d'humains. Et nous, ce qu'on nous demandait, c'était presque d'être à l'usine, c'était une cadence quoi ! C'était de l'usinage ! »

20. Anne-Sophie PELLETIER, *EHPAD, une honte française*, Plon, 2019.

Parmi les conséquences de cette cadence infernale : des accidents du travail à la pelle. Selon les chiffres communiqués par l'assurance maladie[21], l'indice de fréquence d'accidents du travail est particulièrement préoccupant dans le secteur de l'hébergement médicalisé pour personnes âgées. En 2019, celui-ci dépasse les 100 accidents pour 1 000 salariés, soit trois fois plus que l'indice de fréquence moyen tous secteurs confondus.

Un absentéisme record et du personnel pas toujours remplacé

Accidents du travail, arrêts maladie, voire parfois burn-out : le mal-être des soignants conduit à un absentéisme record. Selon les données fournies par l'ANAP[22], le taux d'absentéisme dans les EHPAD serait de 8,9 %, soit 32,5 jours moyens d'absence par salarié sur une année. Et remplacer ces absences – prévues ou non – relève souvent du casse-tête pour les directions. Car les candidats manquent cruellement à l'appel. Selon les chiffres de la DREES[23], en 2015, 44 % des EHPAD déclarent rencontrer des difficultés de recrutement. Et le secteur privé est le plus mal loti. Ainsi, 49 % des établissements privés y seraient confrontés contre 38 % des établissements publics. Plus inquiétant, toujours selon la DREES : 9 % des EHPAD ont au moins un poste

21. Direction des risques professionnels de la Caisse nationale de l'assurance maladie, *Livret statistique de la sinistralité AT/MP 2019 du CTN I*, octobre 2020.
22. Agence nationale d'appui à la performance des établissements de santé et médico-sociaux.
23. Mahel Bazin et Marianne Muller, DREES, *op. cit.*

d'aide-soignant non pourvu depuis six mois minimum. Et là encore, les chiffres sont beaucoup plus importants dans les établissements privés lucratifs : 16 % d'entre eux ont un poste d'aide-soignant non pourvu contre seulement 6 % des EHPAD publics et 3 % des établissements hospitaliers.

Ces difficultés de recrutement s'expliquent notamment par des conditions de travail difficiles et des métiers peu valorisés. En effet, comme l'indique Dominique Libault dans son rapport, « le salaire moyen d'un aide-soignant varie entre 2 020 euros bruts par mois pour le secteur privé et 2 189 euros bruts par mois pour le secteur public, en 2015[24] ». Mais c'est aussi la conséquence d'un cercle vicieux, comme me l'explique Mila[25], aide-soignante dans un EHPAD privé lucratif. « Le matin, chaque aide-soignante a normalement la charge d'une douzaine de résidents pour les toilettes. Mais pratiquement chaque jour, il y a une voire deux absences de collègues qui sont en arrêt ou en congés. Or, le personnel absent n'est pratiquement jamais remplacé. La direction nous dit que c'est parce qu'elle ne trouve pas de personnel, mais je pense que c'est aussi pour faire des économies. En tout cas, on se retrouve souvent à devoir s'occuper de 15, 18 voire 20 résidents chacune. C'est un rythme infernal ! On travaille à la chaîne, sans jamais faire de pause. Nos conditions de travail sont très dégradées, ce qui augmente le nombre d'arrêts. Et plus il y a d'absences non remplacées, plus nos conditions de travail se dégradent.

24. Depuis les accords du Ségur de la Santé en 2020, les salaires des aides-soignants en EHPAD ont été réévalués à hauteur de 183 euros nets par mois.
25. Le prénom a été changé.

Donc c'est sûr qu'à force, c'est quasiment impossible de trouver du personnel diplômé qui accepte de venir travailler dans de telles conditions ! C'est un peu l'histoire de la poule et de l'œuf... » Ce cercle vicieux conduit à un turn-over particulièrement important dans le secteur commercial. Ainsi, selon la DREES, « les aides-soignants qui sont en poste dans un EHPAD privé lucratif au 31 décembre 2015 travaillent en moyenne depuis cinq ans et demi dans la structure, contre 11 ans et quatre mois d'ancienneté en EHPAD public hospitalier ».

Le recours massif aux « faisant fonction »

Que faire lorsqu'on n'arrive pas à embaucher ? Laisser fonctionner des équipes en mode dégradé n'est clairement pas la solution. Didier Carles le reconnaît, il est parfois contraint d'embaucher du personnel sans diplôme. « Le plus souvent, il s'agit d'agents de service hospitalier ou d'auxiliaires de vie que nous recrutons comme "faisant fonction" d'aides-soignants. Nous faisons en sorte de choisir prioritairement des personnes qui ont déjà une expérience en EHPAD. Ces personnes vont être accompagnées pendant au minimum deux jours avec des aides-soignants diplômés et, à partir du troisième jour, ils pourront réaliser les soins seuls. »

Faire appel à des faisant fonction est une pratique fréquente en EHPAD, tout comme le glissement des tâches, ainsi que le soulignent Caroline Fiat et Monique Iborra dans leur rapport[26] : « L'absentéisme conjugué aux difficultés de recrutement conduit à des phénomènes importants de glissements de tâches : les missions du médecin coordonnateur sont effectuées par les infirmiers, celles des infirmiers par les aides-soignants, celles des aides-soignants par les auxiliaires de vie sociale. Par ailleurs, de plus en plus de personnes ne bénéficiant pas de la formation d'aide-soignant sont recrutées sur des postes de "faisant fonction". »

Quelle formation tous ces faisant fonction d'aides-soignants reçoivent-ils avant d'exercer ? Car devenir aide-soignant ne s'improvise pas. Dans un EHPAD, celui-ci doit principalement assurer les soins d'hygiène et de confort des résidents, les aider à faire leur toilette, à s'habiller et à manger. Il les accompagne également dans leurs déplacements, les aide à s'asseoir et à sortir de leur lit. C'est un métier qui requiert normalement une formation de 10 mois, à l'issue de laquelle est attribué un diplôme d'État, le DEAS (diplôme d'État d'aide-soignant).

Or, d'après de nombreux témoignages que j'ai pu recueillir, la formation des faisant fonction est souvent succincte, voire inexistante. Elle se limiterait, dans certains établissements, à une journée en doublon auprès d'un professionnel diplômé. J'ai voulu vérifier ce qu'il en était réellement. La solution la plus évidente était de me faire embaucher en EHPAD, en tant qu'agent de service hospitalier faisant fonction d'aide-soignant. Mais comme mon nom apparaissait sur Internet, associé à ma qualité de journaliste, il m'est apparu impossible

26. Caroline FIAT et Monique IBORRA, *op. cit.*, p. 24.

de réaliser cette infiltration moi-même sans risquer de me faire démasquer. J'ai donc proposé à l'une de mes jeunes collègues journalistes, Laura, de le faire à ma place. Elle a tout de suite accepté.

« Vous avez déjà fait des toilettes ? »

À cette époque, Laura a 25 ans. Elle est titulaire d'un master en sciences politiques et est encore étudiante en école de journalisme. Elle n'a absolument aucune formation dans le secteur médico-social, ses seules expériences professionnelles se résumant à des petits boulots de serveuse, de guide touristique, de baby-sitter et un peu d'aide informelle auprès des personnes âgées : leur faire les courses et leur tenir compagnie. Nous avons rédigé ensemble son « faux » CV, en omettant uniquement son expérience de journaliste et sa formation en sciences politiques, ainsi qu'en modifiant les dates afin qu'il n'y ait pas de « trou », ce qui aurait pu paraître suspect aux yeux des recruteurs. Son CV prêt, Laura répond ensuite à des annonces pour des postes d'ASH et d'aide-soignante et envoie également une dizaine de candidatures spontanées. Elle est très vite recontactée par un établissement appartenant à un groupe privé lucratif, situé dans l'est de la France. Un rendez-vous est fixé pour un entretien d'embauche.

Le jour J, Laura se présente à l'établissement. Elle est reçue par l'IDEC (infirmière diplômée d'État coordonnatrice), autrement dit la personne chargée d'encadrer l'équipe soignante de l'EHPAD. Celle-ci lui fait d'abord passer un petit entretien dans son bureau.

« Dans votre lettre de motivation vous dites vouloir travailler au service des personnes âgées. Dans quel but précis ? lui demande l'IDEC.

– Moi je suis là pour ce dont vous avez besoin, lui répond Laura. J'ai déjà un peu travaillé avec les personnes âgées, j'ai fait des courses pour les aider, des choses comme ça, de manière informelle.

– Vous avez déjà fait des toilettes ou pas du tout ? C'est quelque chose de nouveau pour vous ?

– Non, c'est quelque chose de nouveau.

– D'accord. »

Au bout d'à peine une minute d'entretien et sans lui poser plus de questions sur ses motivations et ses qualités humaines, l'infirmière coordonnatrice propose à Laura… un poste d'aide-soignante !

« Alors je vais avoir des dispos pour des remplacements, à partir de mi-juillet, car j'ai une aide-soignante qui est en arrêt, lui dit-elle. Ce sont des journées de 10 heures effectives, avec une à deux heures de pause dans la journée et vous avez un week-end sur deux obligatoire. Votre travail c'est vraiment de l'accompagnement pour tous les actes de la vie quotidienne, donc c'est l'aide à la toilette, l'aide à l'habillage et l'aide aux repas pour certains résidents. Et ensuite, ce sont les aides au coucher le soir.

– D'accord, pour la toilette, comme je vous ai dit, moi je n'en ai jamais fait, mais vous pourrez me montrer ? Il y aura une petite formation ? demande Laura.

– Oui, oui ! En fait, il y a une journée d'essai, où vous êtes en doublon avec un soignant. Et après, de toute façon, vous n'êtes jamais seule. Il ne faut pas hésiter à poser des questions et à demander. Moi je peux me libérer et vous aider.

– D'accord. Moi ça m'intéresse, mais je pensais que ce serait un souci que je n'aie pas le diplôme d'aide-soignante…

– Non. J'en ai beaucoup des faisant fonction d'aides-soignantes, qui ne sont pas diplômées. À l'heure actuelle, la conjoncture est très compliquée pour trouver des diplômées, que ce soit en EHPAD ou ailleurs, c'est très très compliqué ! Donc on a cinq ou six faisant fonction d'aides-soignantes qui ne sont pas diplômées, il n'y a pas de souci pour ça. La seule chose, c'est qu'on ne peut pas vous faire de CDI parce que vous n'êtes pas diplômée justement. Donc on ne peut vous proposer qu'un CDD long de neuf mois maximum. »

Alors que Laura n'a aucun diplôme, ni aucune expérience dans ce domaine, l'infirmière va même jusqu'à lui proposer d'intégrer une unité spécifique, réservée principalement aux personnes souffrant de la maladie d'Alzheimer ou de troubles apparentés.

« J'ai deux types de poste : l'un dans une unité de vie ouverte classique, l'autre en unité de vie protégée.

– Quelle est la différence ?

– Dans l'unité de vie protégée ce sont des personnes qui ont des troubles cognitifs importants et des troubles du comportement. La plupart ne sont pas en fauteuil roulant. Elles demandent plus de surveillance et de vigilance, parce qu'elles déambulent, donc il y a un risque de fugue. C'est pour ça que les résidents sont dans une unité fermée avec un code. Ils sont 14 et vous êtes deux aides-soignantes pour vous en occuper. Vous allez devoir les stimuler pour la toilette, les stimuler pour vous aider à mettre la table et faire des activités avec eux l'après-midi. »

Un peu inquiète à l'idée de se retrouver en unité protégée alors qu'elle n'a aucune expérience dans ce domaine, Laura préfère choisir le poste dans l'unité de vie classique. Après une visite de l'établissement, rendez-vous est pris dès le lendemain pour une journée d'essai, qui fera aussi office de formation.

« Bienvenue dans le bateau ! »

6h45. Laura démarre sa fameuse journée d'essai, la boule au ventre. À son arrivée, elle récupère une tenue d'aide-soignante : pantalon blanc, blouse, chaussures. Dans le vestiaire, elle fait connaissance avec ses nouvelles collègues.

« Donc tu es avec nous pour faire un essai pro aide-soignante ?

– C'est ça ! Pour la journée !

– OK, bienvenue dans le bateau ! »

La matinée commence par les transmissions du matin avec l'équipe de nuit.

« Alors madame T., elle est de plus en plus instable… Elle s'est mise à crier.

– Ah oui ça ne m'étonne pas, elle fait ça toute la journée !

– Du coup, elle n'a pas dormi de la nuit. Et madame S., son état cutané ne s'améliore pas du tout.

– Ah oui, c'est horrible, mais malheureusement à part lui faire une bonne toilette et lui appliquer du zinc, on ne peut rien faire de plus !

– À l'UVP[27], on a retrouvé madame C. dans le lit de madame B. On l'a raccompagnée dans sa chambre parce qu'elle déambulait. Et Madame L. était dans le lit de madame P. ! Voilà, rien d'autre à signaler sinon. »

Le ton est donné. Les transmissions faites, les toilettes peuvent démarrer. Rapidement, Laura se retrouve en binôme avec Malik[28], un aide-soignant stagiaire qui la prend sous son aile. C'est lui qui va la former aux rudiments du métier.

« On y va ? »

Ils pénètrent tous les deux dans la chambre d'une résidente.

« Bonjour madame, ça va ? Vous avez bien dormi ?

– Hummm.

– On vient vous faire votre toilette ! »

La résidente réagit à peine. Elle est dans un état grabataire. La toilette s'effectue au lit.

Malik s'adresse alors à Laura :

« Avant de commencer, il faut que je m'organise. Donc déjà je prends la table, je vais la mettre ici, ce sera mon plan de travail. Et je vais avoir besoin d'une serviette, d'une protection, d'un slip, d'un sac-poubelle, des gants et voilà ! »

Il retourne dans le couloir chercher son matériel et tend une paire de gants jetables à Laura. Au même moment, une résidente sort de sa chambre et l'interpelle.

« Oui madame ?

– J'ai besoin qu'on m'aide à mettre mes chaussettes ! Parce que je ne peux pas les mettre toute seule.

27. Unité de vie protégée.

28. Le prénom a été changé.

– On verra, madame, on va s'en occuper ! » lui répond Malik. Et l'aide-soignant retourne aussitôt dans la chambre faire la toilette. Pas question de perdre du temps.

« Tu vois, cette dame, elle voulait attirer l'attention, elle te fait perdre du temps. Au lieu de l'envoyer balader, tu lui dis tranquillement : "Je reviens madame, patientez, je vais venir." Mais ce n'est pas urgent. »

Laura va vite se rendre compte qu'ici, la gestion du temps vire à l'obsession.

« Tout va bien madame ? On va vous faire une petite toilette, d'accord ? »

Malik prend tout de même la peine de bien expliquer à Laura comment réaliser une toilette au gant.

« Alors, tu vas procéder du haut vers le bas, d'accord ?

– Comme ça ?

– Voilà. Rince bien ton gant. Et une fois que tu as terminé le haut, tu essuies avec la serviette pour qu'elle n'ait pas froid.

– D'accord.

– Ensuite, on passe au bas. »

Comme Laura débute, ses gestes sont moins assurés, plus lents. Elle ralentit inévitablement le rythme habituel. Les autres soignants commencent à s'impatienter. Alors que Laura et Malik sont en train de s'occuper d'une résidente dans la salle de bains, une aide-soignante surgit dans la pièce, visiblement agacée.

« Tu n'as pas besoin de Laura ? Je peux la prendre pour faire les lits ?

– Attends cinq minutes, je lui montre, ensuite elle pourra tout faire seule.

– T'as jamais fait de toilette ? lance l'aide-soignante à Laura.

– Non.

– Mais ce n'est pas un stagiaire qui doit montrer comment faire une toilette ! » s'indigne-t-elle.

Pendant cette discussion, la résidente se trouve sur les toilettes dans une position humiliante. Elle perd patience.

« Merde !

– Vous avez fini de me dire merde ! lui répond sèchement l'aide-soignante.

– J'ai dit merde et je ne vous parle pas. »

Le ton monte. Malik tente de calmer le jeu.

« Oui, elle ne te parle pas à toi.

– On ne se parle plus ? demande alors l'aide-soignante à la résidente.

– Non.

– Alors vous ne me sonnez pas de la journée ! Je ne lèverai pas le petit doigt pour venir aujourd'hui. C'est clair ?

– Même en train d'agoniser, je ne bougerai pas le petit doigt.

– Pareil, vous pouvez vous ouvrir le crâne par terre, rien à foutre !

– Merde !

– Merde ! »

L'aide-soignante repart. Laura est sous le choc. Ce type de maltraitance verbale est-il habituel ? Ou est-ce la conséquence d'un trop-plein qui dégénère ? Impossible de le savoir. En tout cas, cela reflète le climat de tension dans lequel travaille le personnel, soumis à une cadence infernale.

La journée se poursuit dans cette ambiance tendue et toujours au pas de course. Malik a beau faire preuve de beaucoup de bonne volonté et de patience, il n'a pas le temps de former correctement Laura. Pourtant, certains apprentissages sont essentiels : changer une protection, manipuler un résident en fonction de ses pathologies ou encore utiliser un lève-malade. Autant de gestes qui requièrent un véritable savoir-faire et qui, s'ils ne sont pas réalisés correctement, peuvent avoir de lourdes conséquences sur la santé des personnes âgées : apparition d'escarres ou risque de chutes, notamment.

Le grand bain

Après cette formation, Laura est officiellement embauchée en CDD comme faisant fonction d'aide-soignante. « Je ne me sens pas du tout suffisamment formée, me confie-t-elle alors. Je me demande réellement si je vais être capable de réaliser les soins qu'on m'a appris succinctement la veille. J'appréhende beaucoup, car j'ai conscience d'avoir une grande responsabilité envers les personnes dont je vais devoir m'occuper. » Comme elle n'est pas diplômée, on lui propose une rémunération de 1 200 euros nets par mois, l'équivalent du SMIC à l'époque.

Alors qu'elle prend son poste, elle retrouve Malik dans les étages. « Allez viens, ne perds pas de temps, on va commencer par l'aile S et on va être rapides ! »

Cette fois, Laura est jetée dans le grand bain. Elle va devoir réaliser des toilettes toute seule.

« Bonjour monsieur, je vais vous changer », lance timidement Laura, en pénétrant dans la chambre d'un résident.

Le monsieur ne répond pas. Allongé sur son lit, il est recroquevillé sur lui-même dans une attitude prostrée. « Vous vous retournez ? » Sans réponse, Laura tente alors de tirer doucement le résident vers elle, mais celui-ci résiste et se tient à la barrière de sécurité du lit. « Lâchez ça, monsieur, lâchez ça. » Toujours aucune réaction. Laura n'a aucune idée de la pathologie du résident et craint de lui faire mal. Totalement démunie, elle ressort de la chambre pour aller chercher de l'aide auprès de ses collègues. Au fond du couloir, elle aperçoit l'aide-soignante qui avait hurlé la veille sur une résidente.

« Excuse-moi, monsieur S. ne veut pas se retourner.

– J'arrive ! »

La soignante entre dans la chambre, se positionne face au résident et lui dit : « On lâche la barrière ! Allez, lâchez Mimi », tout en retirant ses doigts des barreaux. « Il est affreux, commente-t-elle. Il s'accroche comme un crabe partout ! Il ne faut pas hésiter à tirer… » D'un geste brusque, elle le retourne sur le lit et lui assène d'un ton sévère : « On ne touche pas, attention ! » Le résident ne bouge plus.

« Tu lui fais le visage et la petite toilette et c'est bon, dit-elle à Laura.

– C'est-à-dire ? Je ne fais pas tout le corps ?

– Non, on n'a pas le temps ! Les pieds et les jambes c'est juste quand il y a la douche. Moi je le fais si je vois des croûtes, mais ça ne peut pas être systématique pour tous les résidents, on n'a pas le temps ! »

« Visage, mains, fesses », selon la formule lapidaire employée dans le milieu. Par manque de temps, certains soignants ne lavent en effet que les parties visibles ou odorantes : le visage, les mains et les parties intimes.

L'aide-soignante quitte la chambre. Laura se retrouve à nouveau en plein désarroi. Elle entame la toilette au gant, essayant de se souvenir des consignes données la veille par Malik : *Partir du haut pour aller vers le bas. Vite, vite, vite.* Les sonnettes, elles, n'en finissent pas de retentir.

Laura est-elle en capacité de s'occuper d'un résident dont elle ne connaît ni la pathologie, ni les habitudes, après seulement une journée de pseudo-formation ? Selon Ilhame Santou, c'est impossible. Cette infirmière diplômée milite depuis plusieurs années pour la bientraitance envers les personnes âgées. Elle a travaillé durant de nombreuses années dans des EHPAD privés lucratifs et déplore ce recours massif aux faisant fonction formés à la va-vite. « C'est malheureusement très courant d'embaucher du personnel non qualifié et de ne pas le former correctement, reconnaît Ilhame. Le problème, c'est que normalement quand quelqu'un arrive, il faudrait lui expliquer les pathologies des résidents, lui dire : cette personne a telle ou telle pathologie, elle se comporte de telle ou telle manière, il faut faire attention à ça, elle se raidit moins si… Il faut donner une façon de faire, de prendre soin. Alors que là, votre collègue se retrouve livrée à elle-même avec un résident qui a manifestement des troubles du comportement et qui ne communique pas verbalement, donc elle ne sait pas ce qu'elle doit faire. C'est clairement une mise en danger pour le résident, mais aussi pour elle. Non seulement elle risque de lui faire mal, car elle ne connaît pas les bons gestes, mais comme en plus elle va être hésitante, lui va le ressentir et il sera peut-être agressif en retour. La toilette, vous savez, c'est un soin où vous entrez dans l'intimité d'une personne. Pour que cela se passe bien, il faut qu'une relation de confiance s'installe. Et rien que le fait d'aborder un résident, ça s'apprend. Et sûrement pas en tirant et en criant sur lui ! »

Alors que Laura termine tant bien que mal la toilette de monsieur S., Malik vient l'aider pour installer le résident sur son fauteuil.

« Tiens, regarde la liste des douches. Va voir madame D., elle est facile à faire, lui assure-t-il. Tu la mets sur le siège des toilettes, tu enlèves tout et tu fais sa douche rapidement. »

Laura frappe à la porte de madame D. La résidente l'attend assise sur son lit.

« Ah, enfin vous êtes là ! J'ai tellement souffert cette nuit, je suis réveillée depuis 4 heures du matin. C'est abominable !

– Allez, venez, je vais vous aider à vous doucher, dit Laura en prenant le bras de la dame.

– Oh, là, là, il ne faut pas me tirer comme ça !

– Pardon, je voulais vous aider.

– Oui, mais il faut me tenir le dos. »

En dehors du fait d'être rapide, Laura n'a, une fois de plus, pas été conseillée sur la manière de prendre soin de cette résidente. Comme pour monsieur S., elle ignore tout de son état de santé et de ses éventuelles pathologies.

« Allez, ne t'embête pas, je vais aller m'asseoir sur les toilettes, ma chérie. »

La dame se lève et marche péniblement vers la salle de bains.

« On va enlever votre chemise de nuit ? lui dit Laura.

– Oui, mais doucement mon chat, j'ai mal partout ! Quelle misère !

– Je vais vous savonner !

– Oui, pas trop fort, s'il te plaît. »

Par chance, cette résidente est capable de s'exprimer parfaitement. Laura profite de ce bref moment d'intimité pour discuter avec elle.

« Vous êtes bien ici ?

– Il faut le dire vite, soupire la résidente. Demain, j'espère qu'on viendra me laver parce qu'hier personne n'est venu.

– On ne vous lave pas tous les jours ?

– Certaines filles pensent que je me débrouille toute seule.

– Elles vous laissent faire alors que vous ne pouvez pas ?

– Ben oui !

– On vous douche toutes les semaines au moins ?

– En principe, c'est une fois par semaine. Mais comme l'autre jour ça faisait plus de quinze jours que je n'avais pas eu de douche, alors j'en ai réclamé une !

– Pourquoi vous n'avez pas eu de douche pendant quinze jours ?

– Je n'étais pas bien la semaine dernière, elles ont loupé une journée et ça m'a reportée.

– Et elles ne le font pas le lendemain dans ce cas-là ?

– Elles n'ont pas pu ! Faut dire que vous avez du boulot, hein ! Je ne suis pas toute seule… Oh doucement ma chérie, dis donc t'es pas douce toi !

– Oh pardon, madame. Je suis nouvelle vous savez, j'apprends. Allez venez, je vais vous aider à vous habiller. »

Cela fait à peine plus de 10 minutes que Laura s'occupe de madame D., mais c'est visiblement déjà trop.

« Accélère le rythme ! lui ordonne Malik en entrant dans la chambre.

– On est en retard ?

– Oui, bien sûr qu'on est en retard ! »

Laura se dépêche de boutonner la robe de la dame.

« Il faut aller vite, je me suis fait engueuler, lui chuchote-t-elle.

– Oui, parce que tu es restée trop longtemps avec moi ! Hé oui, je sais ! Ils ne se rendent pas compte de nos besoins, absolument pas… Laisse, va, je vais le faire, je vais aller m'asseoir sur mon lit.

– Non, je termine ! »

La sonnette retentit.

« Tu vois on te demande, allez va ma puce, ne t'inquiète pas ! Va, tu vas te faire attraper sinon, je les connais tu sais ! »

À contrecœur, Laura laisse la dame finir de s'habiller seule et part faire une autre toilette. Vite, vite, vite ! C'est définitivement le seul mot d'ordre ici. La gestion des soins est machinale, déshumanisée. Le seul objectif : que tous les résidents soient lavés, levés et descendus pour midi. Quant aux besoins des personnes âgées, ils sont sacrifiés sur l'autel de la productivité.

Mais Laura n'a pas encore tout vu. Au moment du repas, elle va découvrir d'autres aberrations. Alors qu'elle est en train d'aider une résidente qui ne peut pas s'alimenter seule, Malik intervient :

« Tu es mal positionnée, ce n'est pas comme ça qu'il faut que tu sois. Mets-toi face à elle. Moi si j'étais à ta place, je me rapprocherais de cet autre résident et je ferais manger les deux en même temps ! Comme ça tu gagnes du temps !

– Je ne vais pas assez vite là ? Elle a mangé en à peine quatre minutes… On doit tout faire en courant, c'est fou !

– Plus tu gagnes des minutes, plus tu pourras te reposer après.

– Oui mais je préfère faire les choses correctement…

– Non, ça ne suffit pas. Si on ne fait pas les choses à temps, les femmes de ménage vont gueuler, chacun a son travail. Essaie de te mettre ça en tête. Il faut que tu apprennes. »

Pour Ilhame Santou, là encore, c'est tout ce qu'il ne faut pas faire. « On ne fait pas manger deux personnes en même temps sous prétexte de vouloir gagner du temps. C'est un manque de considération terrible pour les résidents, une prise en charge déshumanisée, où on ne respecte pas du tout leurs besoins. C'est de la maltraitance ! Normalement, le moment du repas, cela doit être un moment convivial, comme un tête à tête. Lorsqu'on est soignant, on explique à la personne ce qu'elle mange, on s'assure d'aller à son rythme, sans la presser. » Sans oublier qu'une personne âgée qui n'arrive pas à s'alimenter seule a bien souvent des problèmes de déglutition. En voulant aller trop vite, le risque, c'est qu'elle fasse une fausse route et qu'elle s'étouffe.

La journée de Laura se poursuit au même rythme : infernal. Voyant qu'elle est à la peine, Malik prend sur son temps pour l'épauler durant les changes de l'après-midi. Il finit même plus tard que prévu. Des heures supplémentaires qu'il ne récupérera jamais. Mais, à la fin de la journée, Laura se retrouve toute seule à son étage pour les couchers, alors qu'il faut parfois être deux pour installer les résidents dans leur lit. Il est 20 h 30. Un monsieur en fauteuil roulant l'interpelle dans le couloir :

« Je peux aller dans ma chambre maintenant ?

– J'arrive monsieur ! »

Laura ne connaît même pas le nom de ce résident. Complètement perdue et un peu paniquée, elle se résout à aller chercher du renfort dans les autres étages.

« Il y a quelqu'un ?... Il y a quelqu'un ? » Au premier, silence radio. Les couloirs sont déserts. Arrivée au rez-de-chaussée, elle aperçoit des employées qui s'apprêtent à partir.

« Est-ce que vous savez s'il y a des aides-soignantes pour m'aider ?

– Des aides-soignantes ? Il y en a peut-être une là-bas, je ne sais pas, il faut regarder... C'est pour quoi ?

– Pour des couchers, où il faut être deux.

– Et t'es toute seule ? »

Une autre salariée intervient :

« Ah bah oui, la personne de 20 h 15, elle est déjà partie !

– Mais comment je fais, je suis toute seule jusqu'à 21 heures ?

– Ben oui !

– Mais je ne suis pas capable, je viens d'arriver, il y a des choses que je ne connais pas encore ! » s'affole Laura.

Aussi surprenant que cela puisse paraître et contrairement à ce que l'infirmière coordonnatrice lui avait assuré, Laura est donc totalement livrée à elle-même dès son premier jour. Personne ne se soucie d'elle. Et encore moins de savoir comment seront accompagnés les résidents dont elle a la charge. Heureusement, quelques minutes plus tard, l'équipe de nuit arrive. Les deux aides-soignantes vont prendre la relève pour terminer de coucher les résidents.

« Tu as fait ton tour de médicaments ? demandent-elles à Laura.

– Non.

– Fais-le alors, en attendant.

– Ils sont où les médicaments ?

– Là, dans les petites boîtes, tout est écrit dessus ! »

La boule au ventre, Laura effectue sa mission, passant de chambre en chambre avec ses petites boîtes.

« Je peux avoir mon médicament ?

– Vous êtes madame ?

– Madame D.

– D'accord. Vous arrivez à le faire toute seule ?

– Quoi donc ?

– Prendre vos médicaments ?

– Oui. Vous me les mettez dans le verre.

– Ben non, ce sont des comprimés. C'est pas à vous ? Vous n'êtes pas madame D. ?

– Si ! Faites voir ! Il y a deux gélules ?

– Oui.

– Impeccable !

– Mais comment vous les prenez ? Avec un verre d'eau ?

– Oui, mais pas en même temps cocotte !

– Ah, OK, je vous laisse faire alors. »

Même si les médicaments ont été préparés par une infirmière, confier leur distribution à une nouvelle recrue est complètement irresponsable, selon Ilhame Santou. « Elle ne connaît pas les résidents et ne sait pas non plus s'ils mangent en mixé… C'est super dangereux ! D'autant qu'elle peut tomber sur des résidents avec des troubles psychiques, un peu déments, qui ne sauront pas la renseigner. Le risque c'est qu'elle se trompe, qu'elle donne le mauvais médicament à la mauvaise personne. Quelqu'un peut faire une allergie, ça peut être très grave ! Je ne veux pas dramatiser, mais ça peut même être mortel ! »

Heureusement, il n'y aura aucun accident. Laura termine sa journée épuisée. « J'ai eu l'impression de tout faire à moitié, me confie-t-elle. Les toilettes bâclées, la nourriture donnée à la va-vite… Tout est minuté, cadencé, réalisé à la chaîne. Comment font les soignants pour tenir ce rythme ? J'ai énormément de respect pour eux, car ils exercent un métier difficile dans des conditions très dégradées. Mais, ce qui m'a le plus marquée, c'est que les résidents soient réduits à des besoins primaires, l'humain passe totalement à la trappe. C'est vraiment triste. » Le lendemain soir, nous décidons de mettre un terme à son infiltration. En comptant sa journée de « formation », elle n'aura travaillé que trois jours dans cet EHPAD. Cela aura été, hélas, bien suffisant pour se rendre compte des multiples dysfonctionnements qui y règnent et de la manière dont les résidents sont traités.

Choquée par cette terrible réalité, je sollicite à l'époque la direction du groupe qui gère cet EHPAD. C'est son porte-parole qui me répond. Je lui demande d'abord des précisions sur la formation des faisant fonction.

« Ces gens-là vont avoir un tuteur, m'affirme-t-il. C'est-à-dire qu'ils vont être en doublon avec un professionnel diplômé et seront accompagnés soit par une infirmière, soit par une infirmière coordinatrice, le temps nécessaire afin qu'ils puissent effectivement réaliser leur métier de manière sécurisée.

– Combien de temps dure cet accompagnement ?

– Alors ça peut durer minimum un mois, peut-être deux mois.

– Un mois en accompagnement en tutorat ?

– Ah oui parce que vous n'avez pas le choix ! »

Des propos terriblement éloignés de ce que Laura a réellement vécu. Je raconte au porte-parole son recrutement expéditif, son unique journée de formation auprès d'un aide-soignant stagiaire et le fait qu'elle se retrouve seule dès le lendemain pour effectuer des toilettes. Il refuse de croire à cette version et me soutient dur comme fer que les faisant fonction « ne sont jamais livrés à eux-mêmes ». J'évoque alors le moment où Laura s'est retrouvée seule pour distribuer les médicaments aux résidents.

« Si l'infirmière a bien fait les choses, ça ne me choque pas ! me répond-il. Le risque est quand même mineur.

– Mais il y a quand même un risque !

– Oui, mais le risque zéro n'existe pas ! »

Sa réponse me déconcerte. Mais pas autant que lorsque je l'interroge sur le manque de temps dont souffrent les aides-soignants.

« En moyenne ils ont à peine 10 minutes pour s'occuper d'un résident, c'est tout le temps la course, lui dis-je.

– Non, ça c'est ce qu'on entend !

– Mais c'est une réalité, encore une fois !

– Je ne suis pas sûr que ce soit une réalité. C'est leur perception.

– Non, c'est une réalité de ne pas avoir le temps, ce n'est pas une perception. Ils n'ont pas le temps !

– Quand vous dites que c'est une réalité, c'est leur perception à un instant T. En revanche, quand vous allez les voir en pause, que la pause est censée durer 10 minutes, et qu'elle dure 20 minutes, là ils ont le temps ! Pour moi, il y a des temps de pause abusifs et des soignants qui travaillent moins bien que d'autres, voilà tout ! »

Autrement dit, un problème de management des équipes, selon lui. D'ailleurs, à la suite de cet entretien et de la diffusion du documentaire que j'avais réalisé à l'époque, j'ai appris que la direction aurait remercié plusieurs salariés, dont l'infirmière coordonnatrice qui avait recruté Laura. D'autres mesures ont-elles été prises depuis ? Le porte-parole du groupe, que j'ai recontacté récemment, n'a pas souhaité me donner davantage de précisions.

Le tabou de la maltraitance

Recours massif à du personnel non formé, sous-effectifs chroniques, cadences infernales : tout ceci conduit inévitablement à de la maltraitance. Mais qu'entend-on précisément par maltraitance ? Selon la Commission nationale pour la lutte contre la maltraitance et la promotion de la bientraitance, « il y a maltraitance d'une personne en situation de vulnérabilité lorsqu'un geste, une parole, une action ou un défaut d'action, compromet ou porte atteinte à son développement, à ses droits, à ses besoins fondamentaux, et/ou à sa santé et que cette atteinte intervient dans une relation de confiance, de dépendance, de soin ou d'accompagnement[29] ». Intentionnelles ou non, les situations de maltraitance peuvent avoir une origine individuelle, collective ou institutionnelle. Elles peuvent être psychologiques, physiques, financières ou encore le résultat de négligences.

Comme je l'ai déjà évoqué précédemment, dans les EHPAD, la maltraitance est le plus souvent institutionnelle. Autrement dit, celle-ci résulte de pratiques managériales, de l'organisation et/ou du mode de gestion de l'établissement, voire de restrictions ou dysfonctionnements au niveau des autorités de tutelle[30]. Ainsi, dans certaines maisons de retraite, faute de personnel suffisant, les soignants en viennent à bâcler les toilettes. Laura a pu elle-même le constater lors de son infiltration, la règle des trois – visage, mains, fesses – prend régulièrement le pas sur les toilettes dignes de ce nom. Quant aux douches hebdomadaires, elles sont trop souvent « oubliées », comme me le confirme Ilhame Santou.

Lorsque je la rencontre durant l'été 2018, l'infirmière me montre un tableau indiquant le nombre de douches données dans un établissement appartenant à un groupe privé lucratif dont elle préfère taire le nom. « C'est le récapitulatif de l'année 2017, précise-t-elle. Dans l'EHPAD où je travaillais,

29. Commission nationale de lutte contre la maltraitance et de promotion de la bientraitance, *Démarche nationale de consensus pour un vocabulaire partagé de la maltraitance des personnes en situation de vulnérabilité*, mars 2021, p. 11.
30. *Ibid.*, p. 16.

on avait un logiciel et il fallait noter chaque douche faite par les aides-soignants. Selon les recommandations des professionnels, il faut donner au minimum une douche par semaine, voire deux ou trois les mois d'été, si possible. Mais ça, évidemment, c'est dans l'idéal, parce que dans la réalité… » Ilhame a surligné en rose les cases anormales, affichant moins de quatre douches par mois. « Ici on peut voir que, sur 37 résidents, 29 ont eu moins de quatre douches par mois, soit moins d'une douche par semaine, poursuit-elle. Là, par exemple, vous avez un monsieur qui a besoin d'aide, qui n'est pas autonome, il a eu zéro douche au mois de mai, zéro douche au mois de juin, deux douches au mois de juillet, et une seule douche au mois d'août, en pleine canicule ! Je précise que c'est quelqu'un qui n'est pas parti en vacances et qui n'a pas été hospitalisé. Donc ce monsieur, très clairement, il n'a pas été accompagné correctement. C'est très grave ! Car la douche, ce n'est pas simplement un acte d'hygiène, c'est aussi un moment de prévention, où l'aide-soignant doit observer l'état cutané du résident et informer l'infirmière en cas de problème. Malheureusement, l'alerte est souvent donnée trop tard : les plaies sont nécrosées, les escarres à un stade avancé et donc beaucoup plus difficiles à soigner. Pour que l'information soit donnée à temps, il faut faire des douches régulièrement. »

Je remarque sur le tableau d'Ilhame qu'il y a aussi certains résidents qui reçoivent bien quatre douches par mois, voire beaucoup plus. Pourquoi ? « Ce sont souvent des personnes dont les familles sont très présentes, m'explique Ilhame. Certaines familles viennent un jour sur deux, voire tous les jours pour certaines, donc elles mettent la pression et n'hésitent pas à faire des réclamations auprès de la direction si elles constatent des négligences au niveau des soins. Donc, forcément, les aides-soignants reçoivent aussi des consignes pour s'occuper en priorité de ces résidents-là. Tandis que ceux qui n'ont jamais de visite vont être davantage délaissés. C'est terrible à dire, mais c'est la triste réalité. »

Pourquoi autant de négligences ? Pour Ilhame Santou, le manque de personnel n'est pas l'unique raison. C'est aussi lié à un problème de recrutement et d'encadrement. « Vous avez des aides-soignantes formidables, entièrement dévouées, et d'autres, hélas, qui n'ont pas du tout les qualités requises pour s'occuper de personnes âgées. Elles ne sont pas investies dans leur travail, manquent cruellement d'empathie et se retrouvent à ces postes-là alors qu'elles n'ont rien à y faire ! J'ai ainsi le souvenir d'une aide-soignante en particulier qui était négligente dans ses soins et dans son accompagnement auprès des résidents. Elle ne les douchait pratiquement jamais, ne les aidait pas à prendre leur petit déjeuner, ou bien leur donnait une alimentation normale alors qu'ils devaient manger en mixé. »

À l'époque, indignée par ce comportement, Ilhame adresse un courrier à sa direction, où elle dénonce les actes de mauvais traitements qu'elle a pu constater. « Malheureusement, la direction n'a rien fait. Il n'y a pas eu de rappel à l'ordre ni de sanction envers l'aide-soignante en question. » D'après Ilhame, ce laisser-faire a conduit ensuite à de la maltraitance physique. « L'aide-soignante se pensait toute-puissante et, un jour, elle s'est mise à gifler une résidente sous les yeux d'une autre salariée. Tout simplement parce que cette dame l'agaçait ! » Cette fois, la direction n'a eu d'autre choix que de signaler l'événement à l'ARS et de licencier l'aide-soignante. « Le problème, c'est qu'il n'y a pas eu de plainte de la famille, donc aucune enquête ni poursuite, et l'aide-soignante peut continuer d'exercer ailleurs, se désole Ilhame. Comment peut-on laisser faire des choses pareilles ? Si vous êtes violente envers un enfant, croyez-moi, vous allez avoir des problèmes ! Mais si vous êtes violente envers une personne âgée, personne ne se manifeste, tout le monde s'en fiche ! Et ça, ça en dit long sur la manière dont on considère nos aînés ! »

Depuis, Ilhame a été remerciée, car elle « gênait », selon elle. Très marquée par cette expérience, l'infirmière a décidé de ne plus travailler en EHPAD. Devenue bénévole dans une association de lutte contre la maltraitance envers les personnes âgées[31], elle est aujourd'hui à la tête d'une structure d'aide et d'accompagnement à domicile[32].

Au cours de mon enquête, je vais m'en rendre compte, la loi du silence est malheureusement souvent la règle en EHPAD. On préfère ne pas voir, ne pas savoir, ne pas reconnaître, de peur que cela ne s'ébruite et n'entache la réputation de l'établissement.

L'histoire de Sophie, Renée et Myriam en est le triste exemple. Je rencontre ces trois femmes à Nîmes, il y a deux ans et demi. Nous nous retrouvons dans un parc, sous une chaleur caniculaire. L'ambiance a beau être estivale, leur

31. ALMA, Allô maltraitance personnes âgées, majeurs handicapés.
32. A&B - Accompagnement et Bienveillance.

récit me glace. Le père de Sophie et la mère de Renée étaient tous les deux résidents d'un EHPAD privé à but lucratif, où Myriam travaillait comme agent de service hospitalier.

« Au départ, tout se passait bien », se souvient Sophie. Cette femme brune et élégante me raconte comment l'état de son père, ancien électricien et passionné de planche à voile, s'est rapidement dégradé. « Lorsqu'il est entré dans cette maison de retraite, il était encore très indépendant et n'avait pas besoin de beaucoup d'aide. Mais, après quelque temps, les choses se sont gâtées, se remémore-t-elle. Parce qu'il ne marchait pas assez, ses muscles ont fondu. Il s'est retrouvé en fauteuil roulant et a perdu son autonomie. Quand j'allais le voir, je le retrouvais souvent souillé, il n'avait pas été changé. Je voyais ses médicaments sur sa table de nuit, on ne les lui avait pas donnés. Et puis, un jour, j'ai découvert des hématomes. » Sophie me montre les photos de son père. Assis sur son fauteuil, le vieil homme a les bras couverts de bleus et le visage tuméfié. « On me disait qu'il tombait souvent, explique Sophie. Alors, bien sûr, je n'étais pas là pour voir et sans doute qu'il y avait des chutes, je ne le nie pas. Mais il devait aussi être manipulé violemment. Comment peut-on avoir autant d'hématomes sur les bras ? C'est difficile… » Sophie s'interrompt, les yeux embués de larmes. Puis elle reprend : « Un jour, il m'a dit que deux aides-soignantes, et en particulier une certaine Chantal, n'étaient pas gentilles avec lui. J'étais très en colère, je voulais aller voir cette Chantal et me plaindre à la direction. Mais mon père m'a suppliée de ne rien faire. Il m'a dit : "Après ce sera pire." Comment ça pire ? En fait, il avait peur de subir des représailles si je parlais trop. Vous vous rendez compte ? Alors j'ai préféré me taire. »

Un matin, alors qu'elle vient lui rendre visite, Sophie trouve son père le visage en sang et l'air complètement hagard, seul dans sa chambre. « Je suis tout de suite allée chercher une infirmière. Mais il n'y en avait qu'une et elle était déjà en train de s'occuper d'une autre résidente. Que voulez-vous faire ? Je n'allais pas lui dire : "Abandonnez cette dame pour venir vous occuper de mon papa !" Au bout d'un moment elle est venue, heureusement… » D'après Sophie, le manque de personnel, associé à de multiples négligences et des actes de maltraitance, auraient conduit au décès de son père. « La direction m'a appelée un jour pour me dire : "Votre papa est hospitalisé, ne vous inquiétez pas, il rentrera demain." Sauf qu'il n'est jamais rentré. À l'hôpital, on m'a dit que ses plaies n'avaient pas été soignées correctement. Malheureusement, cela a été dit oralement, je n'ai aucun écrit et je ne peux rien prouver, mais je suis intimement convaincue que s'il avait été mieux pris en charge, il serait peut-être toujours en vie. »

Renée, elle aussi, est persuadée que sa mère a été victime de défauts de soins, et même de violences. Femme au foyer, celle-ci souffrait de la maladie d'Alzheimer et avait décidé d'entrer dans cet EHPAD de son propre gré. Elle ne voulait pas être une charge pour ses enfants. Comme pour le père de Sophie, les soucis ont débuté lorsqu'elle s'est retrouvée en fauteuil roulant et qu'elle est devenue dépendante du personnel. « Les toilettes étaient très succinctes », affirme Renée, petite dame brune aux cheveux courts, dont le visage inspire la bienveillance. « Maman me disait qu'elle n'avait plus le droit de se brosser les dents le soir et que, lorsqu'elle voulait aller aux toilettes, on lui disait de faire dans sa couche. Elle me confiait aussi que certaines aides-soignantes, notamment Chantal, étaient très brutales avec elle. » Indignée par ce qu'elle voit et ce que lui raconte sa mère, qui était encore lucide malgré sa maladie, Renée décide d'alerter la direction de l'établissement. Elle insiste pour que Chantal ne s'occupe plus de sa mère. Mais, un soir, l'aide-soignante en question se retrouve tout de même avec la mère de Renée pour la coucher. « C'était le 19 avril 2016, précise Renée. Je n'étais pas présente ce soir-là, mais j'ai reçu un coup de téléphone des filles d'une autre résidente. Elles ont entendu maman hurler et sont aussitôt allées voir ce qu'il se passait. Chantal était en train de pousser le fauteuil de ma mère dans sa chambre. Puis elles ont entendu le bruit de claques et ma mère crier : "Aïe, tu me fais mal !" Lorsqu'elles sont entrées dans la chambre, maman leur a dit qu'elle s'était fait taper dessus par Chantal. »

Myriam, alors employée comme agent de service hospitalier, était en train de débarrasser le repas au moment des faits. « J'ai entendu des hurlements dans tout l'établissement, se remémore la jeune femme à la peau mate et aux longs cheveux acajou. Ce n'était pas des cris, mais des hurlements ! Malheureusement, le temps que je monte, je n'ai rien pu voir. » Mais, 10 jours plus tard, le 28 avril, Myriam surprend Chantal, en flagrant délit cette fois. « C'était juste après le repas, une résidente souffrant de démence s'est mise à crier et Chantal l'a giflée au visage. J'étais très choquée. Je me suis dit qu'il était vraiment temps qu'elle s'arrête. J'avais déjà remarqué que son travail devenait de plus en plus bâclé. Elle accumulait les heures supplémentaires et, pour moi, elle était en train de faire un burn-out. Tout le monde voyait qu'elle dérapait, mais personne n'osait rien dire. Je l'avais d'ailleurs déjà vue mettre des tapes sur les mains de certains résidents et j'avais aussitôt alerté la directrice. Mais celle-ci n'avait rien fait ! » se désole Myriam. Dès le lendemain matin, elle retourne voir sa hiérarchie pour témoigner de ce nouvel acte de violence. Chantal est aussitôt mise à pied. Myriam, elle, devient une paria. Au lieu de la soutenir, les autres soignants la mettent à l'écart. L'un d'eux s'en prend même à elle physiquement. Elle se résigne alors à contacter la police. Renée, de son côté, décide de porter plainte pour maltraitance et change sa mère d'EHPAD pour la protéger. Une enquête préliminaire est ouverte.

J'ai pu consulter les procès-verbaux rédigés à l'époque par la police. Toutes les familles de résidents entendues s'accordent à dire qu'il existait un réel défaut de soins pouvant conduire à de la maltraitance au sein de cet établissement. La fille d'un résident affirme ainsi avoir trouvé son père, un matin dans sa chambre, « attaché avec des ceintures de contention sur son fauteuil, les jambes nues et sans chaussettes ». Des faits pour la plupart dénoncés dès 2013 auprès de la direction, mais aussi auprès de l'Agence régionale de santé du Languedoc-Roussillon et du Conseil départemental du Gard. Pourtant, malgré les courriers rassurants envoyés aux familles, aucune mesure n'aurait été prise pour améliorer la prise en charge des résidents et faire cesser ces maltraitances. Pire, la direction aurait délibérément « fermé les yeux », malgré plusieurs alertes de la part de certains membres du personnel. Une aide-soignante raconte ainsi avoir signalé plusieurs fois des « manquements de soins, des médicaments non distribués et non administrés ». Elle affirme aussi avoir surpris Chantal frapper une résidente lors d'une toilette réalisée en binôme. « Comme j'insistais pour signaler ces faits, on m'a reproché tout et n'importe quoi jusqu'à me licencier. Toute une partie du personnel s'était liguée contre moi pour m'empêcher de témoigner », relate-t-elle dans son procès-verbal. Une autre soignante déclare avoir déjà effectué des signalements deux ans auparavant concernant des faits similaires « car des résidentes nous avaient avisés que madame D. les avait giflées [...]. Malgré tout, rien n'avait été fait. » Enfin, une infirmière fait état de défauts de soins et d'accompagnement particulièrement alarmants. Un matin, elle aurait retrouvé une résidente au sol. « Personne ne s'en était occupée, le lit n'était pas défait, j'ai été obligée de la faire hospitaliser. » Elle ajoute que « régulièrement, on constatait que la veilleuse de nuit ne passait pas la nuit, et tout cela a été signifié auprès de la direction mais rien n'était fait ». Malgré ces multiples signalements, il aura fallu attendre plusieurs autres faits avérés de maltraitance, le témoignage de Myriam et le dépôt de plainte de Renée, pour qu'enfin la direction réagisse et qu'une enquête ait lieu.

De son côté, Chantal, l'aide-soignante accusée de maltraitance, n'a eu de cesse de nier les faits. Y compris lorsque je la contacte, durant l'été 2018, suite à la décision de la cour d'appel de Nîmes la condamnant à cinq ans d'interdiction d'exercice et trois mois de prison avec sursis pour violences sur une personne vulnérable. « Par rapport à cette affaire, j'ai toujours dit au tribunal que je n'ai rien fait, m'assure-t-elle. Après, ce sont eux qui ont tranché... Je n'ai rien à vous dire. » Pour Renée, cette condamnation est un soulagement, mais elle en veut surtout à la direction de l'établissement. « Pour moi, la directrice et l'infirmière en chef sont aussi fautives. Elles étaient au courant de tout et, si elles avaient pris des mesures avant, on n'en serait pas arrivés là », déplore-t-elle.

Depuis, la directrice de l'établissement a bien été remplacée, mais elle n'a fait l'objet d'aucune poursuite judiciaire. Quant à Myriam, qui a eu le courage de dénoncer les actes de maltraitance, elle a été licenciée peu après. Au bout de deux années de procédure, elle a finalement gagné son procès aux prud'hommes contre l'établissement. Elle travaille aujourd'hui comme éducatrice dans un foyer pour mineurs. « J'ai passé plusieurs années très difficiles, me confie-t-elle. Malgré tout, je suis fière d'avoir dénoncé ces actes odieux, et je me dis même que j'aurais dû le faire bien avant ! »

Des histoires comme celles-ci, il en existe, hélas, bien d'autres. Mais la plupart ne se terminent pas au tribunal. Faute de preuves, mais aussi par peur qu'on s'en prenne à leur parent et parce que les places en maisons de retraite sont rares, de nombreuses familles se taisent et renoncent à porter plainte. C'est en tout cas ce que dénonce le rapport du Défenseur des droits sur les droits fondamentaux des personnes âgées accueillies en EHPAD[33] : « De nombreuses familles craignent de signaler certains comportements ou dysfonctionnements portant préjudice à leurs proches, de peur de représailles de la part de l'établissement, tant vis-à-vis des résidents qu'envers les familles elles-mêmes, notamment

33. Défenseur des droits, *op. cit.*

par des limitations de visites, voire des interdictions. » J'ai par ailleurs l'intime conviction que ce type de maltraitance ne peut perdurer que dans les établissements où la direction est défaillante. Là où il n'y a plus de garde-fous, où le personnel est livré à lui-même et où les résidents deviennent des numéros. Là où l'humain, en somme, n'existe plus. Et, fort heureusement, cela ne concerne qu'une minorité d'établissements.

La rentabilité avant tout

Dans les maisons de retraite, la maltraitance n'est pas uniquement liée au manque de personnel ni au dérapage de certains soignants. Elle peut être également le fruit d'une volonté de dégager toujours plus de bénéfices et de réduire les coûts à tout prix. C'est ce que dénonce, entre autres, Anne-Sophie Pelletier. La députée européenne se dit fermement opposée à la manière dont le secteur commercial gère les EHPAD. « Ce n'est plus admissible ! s'insurge-t-elle. Ce n'est plus admissible de voir comment nos personnes âgées sont prises en charge par des groupes privés à but lucratif, où le mot *rentabilité* l'emporte sur tout ! Ces établissements réclament des fortunes aux personnes âgées et à leurs familles, mais la qualité de l'accompagnement est déplorable. »

Cette quête de rentabilité se fait-elle au détriment de nos aînés ? Comme indiqué plus haut, environ un quart des EHPAD sont privés à but lucratif et la plupart appartiennent à de grands groupes. Au cours de mon enquête, je me suis intéressée en particulier au groupe possédant la société

SGMR, qui détient les maisons de retraite Les Opalines et dont la gestion a été dénoncée lors de la fameuse grève de 117 jours à l'EHPAD de Foucherans. J'ai d'abord voulu savoir combien de bénéfices réalisait ce groupe. Pour m'aider à décrypter ses comptes, j'ai sollicité l'aide d'Arlette Charlot. Cette économiste de formation, aujourd'hui retraitée, consacre une grande partie de son temps libre à éplucher les comptes des grandes entreprises. Elle a tout de suite accepté ma proposition, qui s'est révélée beaucoup plus compliquée que prévu. « Cela n'a pas été facile, tant s'en faut, car il y a tout un enchevêtrement de holdings, de sociétés civiles immobilières et de maisons de retraite, m'explique-t-elle. En cherchant, j'ai découvert qu'à la tête de ce groupe se trouvaient deux grandes sociétés mères, 2M Promotion et Mat Immo Beaune, appartenant chacune à deux familles : la famille Mennechet et la famille Péculier. » Avec 270 millions d'euros en 2020, ces deux familles font partie des 500 plus grandes fortunes professionnelles de France, selon le classement du magazine *Challenges*[34]. Les deux sociétés mères qu'elles possèdent détiennent au total quelque 70 maisons de retraite médicalisées et tout un réseau d'agences de services à domicile, réparties sur toute la France[35]. D'après les comptes officiels consolidés déposés par ces deux sociétés – qu'Arlette s'est procurés et que j'ai

34. Voir le site Internet *challenges.fr* : « Les 500 plus grandes fortunes de France 2020 », https://www.challenges.fr/classements/fortune/didier-mennechet-et-philippe-peculier-ainsi-que-leur-famille_1805

35. Selon les informations publiées sur ses sites Internet, l'ensemble du groupe détient 47 EHPAD Les Opalines situés principalement dans l'est et le sud de la France, 24 EHPAD Les Jardins d'Iroise situés principalement dans l'ouest de la France, ainsi que des agences Âge d'Or proposant des services à domicile.

moi-même consultés –, sur environ 143 millions d'euros de chiffre d'affaire[36], le résultat net dépasse les 29 millions d'euros en 2018[37]. Comment l'ensemble de ce groupe parvient-il à dégager des bénéfices aussi importants ?

Courant 2018, je fais la rencontre d'anciennes salariées d'un EHPAD Les Opalines, qui tiennent à conserver l'anonymat. L'une d'elles, que j'appellerai Christiane[38], était responsable d'hébergement, c'est-à-dire de toute la partie hôtellerie de l'établissement. Selon elle, ce qui primerait avant tout, c'est le « TO ». Par TO, il faut comprendre le taux d'occupation d'un établissement. « La seule volonté du groupe c'est un taux d'occupation maximum, m'affirme-t-elle. Le reste, ils s'en foutent ! Tous les directeurs ont donc un objectif : atteindre les 100 % d'occupation. Donc, par exemple, si votre établissement possède 80 places, il faut avoir 80 résidents, voire un de plus éventuellement ! Comme ça, s'il y a un décès, ça permet d'être toujours à 100 % le temps de retrouver quelqu'un d'autre. » Cette manière cynique de comptabiliser les personnes âgées comme s'il s'agissait de marchandises me sidère. Je lui demande, intriguée :

« Comment peut-on avoir 81 résidents si on a seulement 80 places ?

– Eh bien, il y avait une chambre où on avait installé deux lits, me répond-elle. Évidemment, on mettait toujours

36. Ce chiffre correspond à l'addition des chiffres d'affaires des sociétés mères Mat Immo Beaune (60 196 989 euros) et 2M Promotion (83 240 343 euros) en 2018.

37. Ce chiffre correspond à l'addition des résultats nets des sociétés mères Mat Immo Beaune (15 090 217 euros) et 2M Promotion (14 064 899 euros) en 2018.

38. Le prénom a été changé.

deux femmes ou deux hommes ensemble. Moi, je présentais ça à la famille en disant que c'était temporaire, en attendant qu'une place se libère. En général, ça passait. »

Dans les maisons de retraite Les Opalines, le tarif hébergement à la charge du résident est en moyenne de 2 500 euros par mois. Donc plus il y a de résidents, plus le chiffre d'affaires de l'établissement est important. Et, pour maintenir un taux d'occupation le plus élevé possible, tous les moyens seraient permis. « Dès qu'il y avait une personne qui décédait, j'avais pour mission de faire des recherches tout de suite pour trouver un nouveau résident, me raconte Christiane. Une fois, on m'avait même demandé d'appeler une famille pour qu'elle vienne débarrasser la chambre de son parent, alors que la dépouille de celui-ci était encore dans son lit. Tout ça pour que les services de nettoyage puissent intervenir et qu'on installe un nouveau résident rapidement. Moi, ça m'avait outrée ! Donc j'ai refusé de le faire. Il n'y a aucun respect, c'est qu'une question d'argent. Tout est lié uniquement à l'argent ! »

Ces propos m'ont été confirmés en *off* par un ancien directeur régional appartenant à ce groupe. Celui-ci n'a pas souhaité témoigner, mais j'ai pu me procurer des documents internes, datant de 2016, prouvant la véracité de cette logique de rentabilité. Pour inciter les directeurs à remplir leurs établissements au maximum, des primes leur sont versées. Ainsi, lorsque le taux d'occupation atteint les 100 %, le directeur reçoit chaque mois 350 euros, en plus de son salaire. Si le taux dépasse les 100 %, la prime s'élève à 535 euros mensuels. Cumulée sur une année, cette prime peut donc atteindre près de 6 500 euros si un directeur d'établissement atteint les objectifs fixés par le siège. De même, le directeur régional perçoit 150 euros de prime par mois pour chaque établissement dont le taux d'occupation atteint les 100 %. Il bénéficie également d'une prime sur le résultat brut d'exploitation (RBE) pouvant aller jusqu'à 2 500 euros bruts par an. Pour la percevoir, il doit s'assurer que chaque directeur de maison de retraite de sa région respecte le budget prévu par le groupe.

En effet, ces documents montrent également que tout serait fait pour limiter les coûts, et ce, au détriment de l'accompagnement et des services rendus aux résidents. Ainsi, pour chaque poste de dépense, un budget maximum est fixé par le siège. À l'époque, pour le budget « incontinence », c'est un euro par jour et par résident. Autrement dit, les protections utilisées par les personnes âgées sont comptées et limitées. Pour le budget « repas », c'est 3,62 euros par jour et par personne[39]. Ce forfait correspond au montant maximum par résident pour l'achat des denrées alimentaires sur toute une journée, comprenant le petit déjeuner, le repas du midi, le goûter, le repas du soir et une éventuelle collation. Soit moins d'un euro par repas ! Comment respecter un si petit budget ? Pour Christiane, c'est très simple : « Vous n'achetez que les premiers prix, le prix au kilo le moins cher, quoi ! La viande avec des morceaux de gras pas possible, le poisson congelé… Pour faire des économies de lait, certains cuisiniers le coupaient même avec de l'eau ! Et si jamais le budget n'était pas respecté, des actions étaient aussitôt mises en place. À un moment donné, par exemple, ils se sont rendu compte que les pains au lait étaient trop chers, donc il a été demandé de les remplacer par des biscuits fourrés

39. Ces chiffres datent de 2016.

qu'on trempe dans du lait... Voilà! Parce que c'était moins cher! Qu'on ne vienne pas me dire qu'on est là pour les résidents! »

À titre de comparaison, dans d'autres établissements publics où j'ai pu me rendre et où le tarif hébergement est moins cher, le budget repas peut aller jusqu'à 6 euros par jour et par personne, soit presque le double! Alors bien sûr, négocier des matières premières en grandes quantités lorsqu'on fait partie d'un groupe permet sans doute d'obtenir des tarifs plus intéressants. Mais cela justifie-t-il pour autant cet écart de prix? Contacté récemment, le groupe SGMR Les Opalines n'a pas souhaité répondre à mes questions.

Au fil de mon enquête, je vais le découvrir, la plupart des grands groupes privés appliqueraient la même logique de rentabilité. Ainsi, au sein des établissements appartenant au groupe Korian, le coût des repas journalier (CRJ) avoisinerait les 4,50 euros par personne, selon mes informations. *Idem* pour les maisons de retraite du groupe ORPEA. Ces deux groupes dégagent pourtant des bénéfices colossaux : entre 100 et 200 millions d'euros par an!

Interloquée, j'ai voulu savoir ce qu'on servait aux personnes âgées pour ce prix-là. Je me suis procuré les menus établis par le siège du groupe ORPEA sur une période d'un mois. Rôti de porc au jus et duo de haricots, moules marinières et frites, épaule d'agneau aux petits légumes, steak haché sauce béarnaise accompagné de pâtes... La lecture des plats met plutôt l'eau à la bouche. Mais qu'en est-il réellement dans l'assiette? À ma demande, une salariée du groupe a accepté de filmer durant tout un week-end, à l'été 2018, les repas servis aux résidents dans l'établissement où elle travaille.

Ce samedi midi, le menu affiche une entrée composée de tomates mozzarella et un « fricassé de sot-l'y-laisse au miel » comme plat principal. Il s'agit en fait d'une sorte de paupiette de poulet, accompagnée de riz.

« Non mais ils abusent, ça ressemble à quoi, ça ? commente la salariée pendant qu'elle découpe la paupiette en petits morceaux.

– Ils n'ont pas honte ! renchérit sa collègue.

– Ben non, ils n'ont pas honte. Au prix où payent les familles… »

Qu'en pensent les principaux intéressés ? Si certains résidents terminent leur assiette, d'autres mangent à peine.

« Cela vous plaît ? leur demande la salariée.

– Ce n'est pas tellement délicieux, hein ! » répond timidement une dame.

À l'étage du dessous, un monsieur ne mâche pas ses mots (à défaut d'aliments !) : « C'est dégueulasse, lâche-t-il. C'est à peine mangeable. J'ai mis la moitié à la poubelle, comme d'habitude. Je mangeais mieux à l'armée ! C'est vraiment dégueulasse ici ! La preuve, j'ai perdu six kilos depuis mon arrivée ! »

Le lendemain, c'est du rôti de veau à la sauce estragon avec des galettes de pommes de terre et une poêlée d'aubergines. La salariée filme le morceau de viande qu'elle est en train de découper. « Il y a plus de gras que de viande, relève-t-elle. C'est gélatineux… Oh là là… »

D'après les images qu'elle me transmet, je dois bien avouer que le contenu de l'assiette est peu ragoûtant.

Pour étayer ces images, je contacte Guillaume Gobet, un ancien salarié et délégué syndical d'ORPEA. Il a travaillé pendant une quinzaine d'années comme chef de cuisine au sein d'un EHPAD appartenant à ce groupe. « Le plus frustrant, c'est que tous les menus sont établis par le siège au niveau national, tout est quantifié au gramme près, on ne peut pas vraiment s'adapter aux envies des résidents, explique-t-il. Et, avec moins de 4,50 euros par jour, c'est très difficile de faire de la qualité. Pour les achats de matières premières, tout passe par des centrales d'achat. Les fournisseurs et les gammes de produits nous sont imposés. Donc forcément, on achète beaucoup de surgelés et de conserves et très peu de produits frais. On n'a tout simplement pas les moyens de faire autrement. »

Des propos corroborés par le témoignage d'un ancien directeur d'EHPAD de ce groupe. Il est resté 18 ans à ce poste et tient à garder l'anonymat. « Je suis parti parce que les valeurs ne me correspondaient plus, me confie-t-il. Toutes les valeurs qui étaient mises en avant étaient trop souvent bafouées et les services rendus aux résidents n'étaient plus à la hauteur. » À commencer par les repas. Selon lui, la qualité des plats varie en fonction du talent (ou non) des cuisiniers. « La plupart du temps on leur livre des produits de dernière catégorie. Ce sont principalement des viandes qui vont être cuites, cuites et recuites. Et je tire mon chapeau à certains chefs de cuisine capables de transformer ces matières premières pour que des personnes puissent les apprécier ! »

Contactée, la direction du groupe n'a pas confirmé ni infirmé le montant du coût journalier des repas. Mais elle a tenu à rappeler que celui-ci correspond uniquement à l'achat des matières premières, sans tenir compte des équipements de cuisine, de leur maintenance, des salaires du personnel de cuisine et des services en salle. « En effet, en intégrant l'ensemble des charges relatives à la restauration, le coût global est au minimum de 13 euros par jour et par résident dans les établissements », assure la direction du groupe. Et d'ajouter : « Le temps des repas et l'alimentation sont des moments de convivialité importants pour la santé et le bien-être de nos résidents et nous nous attachons à y répondre avec une offre diversifiée et de qualité. ORPEA a donc souhaité conserver en interne les services de restauration afin de maîtriser la qualité des produits, la présentation des plats et les qualités gustative et nutritionnelle des repas. »

DÉNUTRITION DES PERSONNES ÂGÉES EN INSTITUTION

Selon la Haute Autorité de santé, la prévalence de la dénutrition chez la personne âgée varie de 15 à 38 % en institution, selon le critère de diagnostic utilisé[40]. Les conséquences de cette dénutrition sont nombreuses et peuvent s'avérer dramatiques. Amaigrissement, déficit immunitaire, infections urinaires et respiratoires, troubles psychiques, escarres, chutes… D'après les travaux du Dr Monique Ferry[41], la personne âgée dénutrie peut en effet

40. Haute Autorité de santé, *Diagnostic de la dénutrition de la personne âgée*, mars 2020.

41. Monique Ferry est médecin des hôpitaux, docteur en sciences de la nutrition, membre du conseil scientifique de la Société française de nutrition (SFN), chercheur à l'Institut national de la santé et de la recherche médicale (INSERM), expert à la Haute Autorité de santé (HAS) et à l'Agence nationale de sécurité

s'engager dans « la spirale de la dénutrition, mettant en jeu son pronostic vital si elle n'est pas rapidement réalimentée correctement ». Le risque de mortalité serait alors deux à quatre fois plus élevé.

Pourquoi la dénutrition est-elle si importante en institution ? D'après un rapport publié par le Conseil national de l'alimentation[42], s'appuyant sur une étude menée auprès de 40 maisons de retraite en Poitou-Charentes, « près de 85 % des établissements n'ont pas de plan alimentaire correct, 60 % proposent trop de plats de faible densité nutritionnelle au déjeuner, 40 % ne proposent pas assez de légumes ou de fruits au déjeuner, 60 % ne proposent pas assez de poisson, et 30 % pas assez de viande rouge ». Par ailleurs, « les horaires des repas sont trop resserrés dans la journée, et la durée du jeûne entre le repas du soir et du lendemain matin est excessive et dépasse 12 heures ». Le Conseil national de l'alimentation préconise un temps minimum pour la prise de repas (30 minutes pour le petit déjeuner, une heure pour le déjeuner et 45 minutes pour le dîner) ainsi qu'un personnel en nombre suffisant « pour que chaque personne qui a besoin d'aide pour manger puisse la recevoir, tout en mangeant à son rythme. Cette aide devrait être dispensée, de façon individuelle, y compris pour les personnes qui mangent dans leur chambre. » Or, comme je l'ai détaillé plus haut, la majorité des EHPAD manque de personnel. C'est pourquoi de nombreuses familles viennent régulièrement aider leur parent à manger.

sanitaire de l'alimentation, de l'environnement et du travail (ANSES).

42. CNA, *Avis n° 53 sur les besoins alimentaires des personnes âgées et leurs contraintes spécifiques*, 2005.

Mais c'est surtout sur l'emploi de personnel que le groupe ferait le plus d'économies, selon l'ancien directeur. Celui-ci m'affirme qu'il avait pour consigne de ne pas embaucher plus de soignants que ce que lui permettaient les dotations publiques. De plus, l'emploi du personnel hôtelier, pourtant entièrement à la charge des résidents, serait également strictement limité. « Concernant le personnel d'hébergement, le groupe a mis en place des ratios en fonction du taux d'occupation. En tant que directeur, je n'avais aucune marge de manœuvre pour augmenter les effectifs. On me demandait aussi de ne pas remplacer à 100 % le personnel lors des absences ou des congés. Par exemple, au lieu de remplacer l'ensemble des auxiliaires de vie chargées du ménage, il ne fallait en remplacer que 70 %. Idem pour l'animation. Donc, forcément, la qualité des services dus aux résidents diminue ! Et le groupe gagne de l'argent comme ça ! »

De son côté, la direction d'ORPEA réfute l'utilisation de tels ratios. « Nous ne fonctionnons pas par quota mais par analyse du besoin pour assurer un encadrement global qui soit adapté aux besoins des personnes accueillies au sein de chaque établissement, et ce, en lien avec nos autorités qui contrôlent régulièrement le fonctionnement des EHPAD en France. Il convient de noter également que nous pouvons être amenés à renforcer nos équipes pour faire face à un contexte particulier. À ce titre, dans le cadre de la crise du Covid, nous avons été amenés, selon la situation épidémique de chaque établissement, à renforcer le temps de présence des médecins coordonnateurs et/ou des équipes soignantes, mais aussi des équipes hôtelières (tant pour assurer l'entretien de l'établissement que pour le service des repas en chambre ou dans les unités de vie). Le personnel de nuit a également pu faire l'objet d'un renforcement dans de nombreux établissements. »

Les grands groupes commerciaux ont beau s'en défendre, pour nombre d'entre eux la rentabilité primerait bel et bien sur l'intérêt des personnes âgées qu'ils accueillent. C'est de mon point de vue parfaitement scandaleux. C'est aussi l'avis de Jean Arcelin. Cet écrivain et dirigeant d'entreprise a occupé pendant trois ans le poste de directeur d'EHPAD au sein d'un grand groupe privé, coté en Bourse, dont il souhaite taire le nom. Dans son livre *Tu verras maman, tu seras bien*, il témoigne de son expérience et de cette logique de rentabilité poussée à l'extrême. « Globalement, la rentabilité des EHPAD à but lucratif ne semble pas bénéficier aux résidents. Elle est même parfois obtenue à coups d'économies réalisées sur leur dos, et vient grossir le portefeuille, déjà épais, des actionnaires. [...] Il y a là, compte tenu du coût et de la qualité des prestations de certains établissements, un scandale, opéré avec l'argent public[43]. » Ses trois années au poste de directeur d'EHPAD l'ont même conduit à un burn-out. « J'ai travaillé pendant plus de 20 ans dans l'industrie automobile et d'autres secteurs d'activité, je n'ai jamais connu de fonctions où la pression commerciale soit aussi forte qu'au poste de directeur d'EHPAD. [...] Ceux qui veulent faire *de l'humain* craquent[44] ! » écrit-il.

43. Jean ARCELIN, *Tu verras maman, tu seras bien*, XO Éditions, 2019, p. 68.
44. *Ibid.*, p. 73.

Faut-il, pour autant, interdire les EHPAD privés à but lucratif ? Certains politiques, comme la députée Caroline Fiat, coauteure du rapport parlementaire sur les EHPAD, ont déjà émis cette idée[45]. Pour Anne-Sophie Pelletier, l'ancienne soignante devenue députée européenne, il faudrait *a minima* « cesser de leur verser de l'argent public et les imposer sur les bénéfices qu'ils dégagent ». De son côté, Pascal Champvert, le président de l'AD-PA, est catégorique : la solution n'est certainement pas de nationaliser les EHPAD. « L'arrivée du secteur commercial a permis de faire progresser l'ensemble des établissements sur l'aspect hôtelier, explique-t-il. Ce qu'il faut désormais, c'est niveler par le haut, à commencer par le taux d'encadrement. Le jour où il y aura 100 personnels pour 100 résidents dans les EHPAD publics, le privé s'alignera, croyez-moi ! »

45. Aude DASSONVILLE, « Faut-il interdire les EHPAD privés à but lucratif ? » *Télérama,* octobre 2018.

Des aides à domicile et des aidants au bout du rouleau

Quel accompagnement pour les personnes âgées à domicile ?

Retarder l'entrée en établissement afin de rester chez soi le plus longtemps possible, c'est le souhait de 80 % d'entre nous. Mais qu'en est-il dans les faits ? Comment s'effectue l'accompagnement à domicile de nos aînés ?

Aujourd'hui, 60 % des personnes âgées en perte d'autonomie vivent à domicile, soit environ 770 000 personnes[1]. Ces seniors, dont la moyenne d'âge est de 84 ans, sont globalement plus autonomes que ceux qui vivent en institution, puisqu'à peine 20 % d'entre eux sont jugés « très dépendants » (relevant du GIR 1 ou du GIR 2). Les personnes âgées à domicile peuvent bénéficier de deux

1. Julie Latourelle et Layla Ricroch, DREES, « Profils, niveaux de ressources et plans d'aide des bénéficiaires de l'allocation personnalisée d'autonomie à domicile en 2017 », *Études et Résultats,* n° 1152, juin 2020.

types d'accompagnement. Pour les actes de soins (prise de médicaments, pansements, toilettes au lit, douches, etc.), ils peuvent faire appel à des infirmiers ou des aides-soignants à domicile, dont l'intervention est prise en charge par l'assurance maladie. Pour tout ce qui relève de l'aide aux actes de la vie quotidienne (l'aide au lever, à la toilette, aux courses, aux repas, au ménage, etc.), ils ont droit à l'Allocation personnalisée d'autonomie (APA), versée par le Conseil départemental, qui leur permet de financer tout ou partie de l'intervention d'aides à domicile ou d'auxiliaires de vie. Calculé sur la base d'un plan d'aide établi par un professionnel, le montant de cette allocation varie en fonction du degré d'autonomie et des revenus de la personne (voir encadré ci-dessous).

COMMENT L'APA EST-ELLE CALCULÉE ?

Créée en 2001, l'APA s'adresse uniquement aux personnes âgées relevant du GIR 1 à 4. Avant d'attribuer cette allocation, chaque département envoie un professionnel médico-social au domicile de la personne âgée, afin d'évaluer son degré de perte d'autonomie, mais aussi sa situation et ses besoins. Un plan d'aide lui est alors proposé, pouvant aller de la rémunération d'une aide à domicile à l'adaptation de son logement. Le montant de l'APA qui lui sera ensuite versé peut couvrir totalement ou partiellement ce plan d'aide en fonction du degré de dépendance et des revenus de la personne. Par exemple, si une personne gagne moins de 800 euros par mois, elle n'a rien à payer pour l'intervention d'une aide à domicile, tout est pris en charge par l'APA. En revanche, si elle gagne plus de 800 euros, elle va devoir payer une partie du coût de l'intervention de l'aide à domicile. C'est ce qu'on appelle le reste à charge ou le « ticket modérateur ». Dans tous les cas, l'APA ne peut pas dépasser un montant mensuel maximum de 1 742 euros pour les personnes en GIR 1, 1 399 euros pour les personnes en GIR 2, 1 010 euros pour les personnes en GIR 3 et 674 euros pour les personnes en GIR 4. Ces plafonds peuvent toutefois être augmentés si le proche aidant a besoin de répit et pour un maximum de 508 euros par an, ou en cas d'hospitalisation du proche aidant dans la limite de 1 009 euros par hospitalisation, afin de financer de l'aide à domicile ou de l'accueil temporaire.

Selon une enquête publiée par la DREES en juin 2020[2], le montant moyen proposé par les conseils départementaux aux personnes âgées pour l'aide à domicile est de 500 euros par mois, l'équivalent de 29 heures, soit environ une heure par jour. En quoi consiste précisément cette aide ? Quel est le quotidien des professionnels qui interviennent à domicile ? Ont-ils suffisamment de temps pour s'occuper dignement des plus âgés ?

Pour le savoir, je contacte un service d'aide et d'accompagnement à domicile (SAAD) qui intervient dans le Territoire de Belfort : l'association Colchique. Comme la majorité des structures qui accompagnent les personnes fragilisées, il s'agit d'une association à but non lucratif. Elle

2. Louis ARNAULT et Delphine ROY, DREES, « Allocation personnalisée d'autonomie : en 2017, un bénéficiaire sur deux n'utilise pas l'intégralité du montant d'aide humaine notifié », *Études et Résultats*, n° 1153, juin 2020.

emploie une centaine d'aides à domicile et d'auxiliaires de vie, des femmes en très grande majorité, qui accompagnent près de 450 personnes âgées et handicapées. Pendant une journée, je vais suivre le quotidien de l'une d'elles.

SAAD, SSIAD, SPASAD : QUELLES DIFFÉRENCES ?

Les SAAD (services d'aide et d'accompagnement à domicile) désignent les organismes qui interviennent au domicile des personnes âgées ou handicapées pour les accompagner dans tous les actes de la vie quotidienne : aide au lever, à la toilette, aux repas, aux courses, au ménage, etc. Ils emploient principalement des aides à domicile et des auxiliaires de vie sociale (AVS).

Les SSIAD (services de soins infirmiers à domicile), eux, interviennent au domicile des personnes âgées ou en situation de handicap pour dispenser des soins infirmiers techniques (pansements, piqûres, pose de perfusion, etc.) ou de « nursing » (toilettes, prévention d'escarre, etc.). Ils emploient principalement des infirmiers et des aides-soignants.

Enfin, les SPASAD (services polyvalents d'aide et de soins à domicile) assurent à la fois les missions d'un SAAD et celles d'un SSIAD, en apportant un accompagnement dans les actes de la vie quotidienne et des soins aux personnes prises en charge.

Vingt-quatre heures dans la vie d'une aide à domicile

Léa a 22 ans. Elle est aide à domicile. Un métier souvent méconnu et peu considéré, mais pourtant primordial et d'une grande richesse. « J'adore mon travail ! Vous savez, on n'est pas que des femmes de ménage ! me précise d'emblée la jeune femme. On est là pour accompagner les personnes dans tous les actes de leur vie quotidienne et leur permettre de conserver leur autonomie. » Léa est une jeune femme pétillante aux longs cheveux bruns. Il est 7 h 30 lorsque je la retrouve au pied d'un immeuble de la ville de Belfort. Comme tous les matins depuis bientôt trois ans, elle a rendez-vous chez monsieur Talonna[3].

« Bonjour monsieur Talonna !

– Ah Léa ! Alors ça gaze ? lui lance le vieil homme de 86 ans, en la faisant entrer chez lui.

– Bien, et vous votre rendez-vous ? Ça s'est bien passé ? Pas trop fatigué ?

– Non ça va. »

Monsieur Talonna vit seul depuis le décès de sa femme. Il est encore relativement autonome, mais il a dû subir plusieurs opérations et a besoin d'un peu d'aide pour certaines tâches de la vie quotidienne. Léa passe chez lui une demi-heure chaque matin pour faire un peu de ménage et s'assurer que tout va bien.

« Je n'ai jamais été malade de ma vie et tout d'un coup : paf, j'ai glissé, je suis tombé et j'ai dû être opéré… C'est pas évident, raconte monsieur Talonna.

– Ça va, vous n'êtes pas encore grabataire ! le taquine Léa.

3. Tous les noms de famille des bénéficiaires ont été changés.

– Non pas encore !

– Vous pouvez tenir encore 20 ans ! »

Le vieil homme rit aux éclats.

« Oh non, 20 ans c'est trop long ! Si on m'accorde encore cinq ans, je serai déjà content. »

Malgré les visites régulières de sa fille, monsieur Talonna passe la majeure partie de ses journées seul devant sa télévision. Alors, pour lui, les 30 minutes où il voit Léa sont précieuses. Plus que l'aide qu'elle lui apporte, ce sont surtout leurs échanges qu'il apprécie. « Je l'aime autant que ma petite-fille ! » me confie-t-il. Un peu gênée, Léa n'en est pas moins touchée. « Bien souvent, les personnes âgées à domicile ne voient que nous, les aides à domicile, m'explique-t-elle. Alors quand certains nous disent qu'on est leur rayon de soleil de la journée, c'est gratifiant, évidemment ! C'est vraiment ça qui me plaît dans ce métier, le côté humain. »

Le plan d'aide établi par le département prévoit neuf heures d'aide à domicile par mois pour monsieur Talonna, qui relève du GIR 4. La moitié est prise en charge par l'APA, le reste est à ses frais, environ 130 euros par mois. Pour le vieil homme comme pour l'aide à domicile, c'est une situation plutôt « confortable ». Même si elle n'a qu'une demi-heure, Léa a le temps d'effectuer son travail correctement, sans courir. Mais ce n'est pas toujours le cas, loin de là.

La plupart du temps, les minutes de la jeune femme sont comptées. Comme chez monsieur Lénary. Âgé de 67 ans, l'homme est atteint de la maladie de Parkinson. Il a été évalué en GIR 2. En plus du passage d'infirmiers et d'aides-soignants pour lui donner ses médicaments et lui faire sa toilette, son plan d'aide prévoit 71 heures d'aide à domicile par mois. Mais seulement 53 heures sont remboursées par l'APA. Sous tutelle et sans famille pour l'aider, Monsieur Lénary n'a pas les moyens de payer le reste à charge qui s'élève à près de 390 euros par mois. Alors Léa et ses collègues ne peuvent intervenir chez lui qu'une heure et demie chaque jour : une heure le midi et 30 minutes le soir.

« Bonjour monsieur Lénary ! lance joyeusement Léa en pénétrant dans l'appartement. Comment ça va aujourd'hui ? » Assis sur son fauteuil roulant, le dos courbé, les cheveux rares et grisonnants, monsieur Lénary lui fait un petit signe de la tête en guise de réponse. « Redressez-vous un peu, vous allez vous faire mal comme ça. » Avec précaution, Léa repositionne l'homme sur son fauteuil. « Je vais pointer, je reviens ! » Il est 11 h 30. La jeune femme a une heure pour ranger l'appartement, faire un peu de ménage, préparer le repas du midi et aider monsieur Lénary à manger. « Une heure, ça passe très très vite ! » me dit-elle tout en commençant à refaire le lit. À ses côtés, le vieil homme se met à marmonner. Léa se penche vers lui et l'écoute attentivement. « Vous voulez mettre un tricot ? D'accord, je vais vous en chercher un », lui dit-elle. Cela fait bientôt deux ans que la jeune femme accompagne ce monsieur. Elle a appris à comprendre ses murmures et à répondre à ses besoins. Elle revient, un pull rouge à la main, et l'aide à l'enfiler. « Une personne comme monsieur Lénary aurait besoin de beaucoup plus de temps d'accompagnement, assure-t-elle. Mais il n'a pas les moyens de le financer. Tout est une question d'argent malheureusement, c'est triste. Et, pour nous, c'est très frustrant parce qu'on ne peut pas s'occuper des personnes comme on le voudrait. »

Léa termine de ranger l'appartement. Une vingtaine de minutes se sont déjà écoulées. La jeune femme n'a plus qu'une grosse demi-heure devant elle.

« Qu'est-ce que vous voulez manger, monsieur Lénary ?

– J'aimerais bien une saucisse de Montbéliard, parvient-il à articuler.

– Ah je suis désolée, mais je ne vais pas avoir le temps de la cuire et de vous faire manger après… La prochaine fois je commencerai par ça, d'accord ? »

À défaut de saucisse, l'homme se rabat sur un hachis Parmentier de canard déjà préparé et une pêche en dessert. Pendant qu'elle fait réchauffer le hachis, Léa en profite pour faire la vaisselle de la veille et lancer une machine à laver. Elle s'installe ensuite près de monsieur Lénary pour l'aider à manger. « Tenez ! » Léa porte la cuillère à la bouche du vieil homme.

« Vous êtes marrante vous, moi j'aimerais bien parler ! lui rétorque-t-il.

– D'accord, je vous écoute. »

Léa pose la cuillère et écoute avec attention les murmures de monsieur Lénary, qu'elle seule comprend. « D'accord. Vous voulez bien manger maintenant ? Allez, il faut manger monsieur Lénary. Vous savez, j'ai d'autres personnes à aller voir après vous, vous n'êtes pas tout seul », lui dit-elle doucement. Entre chaque bouchée, l'aide à domicile marque une petite pause pour laisser le temps à monsieur Lénary de mâcher correctement. Pourtant, elle ressent une certaine gêne à devoir le presser pour manger. « Pour moi, dans ce type de situation, on est quand même un peu maltraitant, parce qu'on est toujours derrière eux à leur dire : allez-y, il faut manger, il faut aller plus vite, on n'a pas beaucoup de temps… Un repas, normalement, ça ne devrait pas être pris sur le pouce comme ça, on devrait pouvoir s'adapter à leur rythme ! » s'indigne la jeune femme. « En tout cas, si j'étais à sa place, je sais que je serais la première à râler si on me pressait comme ça, croyez-moi ! »

Ce jour-là, comme souvent, Léa déborde un peu du temps qui lui est imparti. « Vous voyez, j'ai quasiment fait un quart d'heure de rab ! me dit-elle en regardant sa montre. Je peux me le permettre parce que je n'ai personne derrière. Je grignote un peu sur ma pause déjeuner. Tant pis ! Je préfère privilégier le temps d'accompagnement, faire mon boulot correctement, quitte à avoir moins de temps pour manger. » Après s'être assurée que monsieur Lénary ne manque de rien, la jeune femme repart. L'homme restera seul tout l'après-midi, jusqu'au passage de l'aide à domicile du soir.

Le cas de ce monsieur n'est pas isolé. Selon une enquête publiée par la DREES en 2020[4], 47 % des bénéficiaires de l'APA à domicile n'utilisent pas l'intégralité du montant d'aide à domicile prévue par leur plan d'aide, notamment pour des raisons financières. Cela concerne principalement les personnes âgées aux revenus « intermédiaires », compris entre 800 et 3 000 euros par mois. « Du fait d'un ticket modérateur plus élevé, les bénéficiaires de la tranche de ressources intermédiaires ont un montant de reste à charge plus important que ceux dont les ressources sont

4. Louis ARNAULT et Delphine ROY, DREES, *op. cit.*

faibles, sans avoir les moyens qu'ont les bénéficiaires aux ressources élevées de le financer », expliquent les auteurs de l'enquête. Et même lorsque l'intégralité du plan d'aide est utilisée, le nombre d'heures à domicile demeure bien souvent largement insuffisant au regard des besoins réels des personnes âgées, ainsi que le souligne un autre rapport de la DREES[5] : « L'intervenant est souvent contraint par l'insuffisante définition – dans les plans d'aide – de la durée de l'intervention au regard des besoins réels des personnes aidées [...]. L'aide à domicile doit travailler intensément et parfois prendre sur son temps personnel pour répondre aux demandes des personnes aidées. » Cela a un impact non seulement sur la qualité de prise en charge des personnes âgées, qui ne peuvent pas bénéficier de l'intégralité de l'aide dont elles auraient besoin, mais aussi sur les conditions de travail des aides à domicile, qui ont un temps plus limité pour accompagner les personnes.

Après une courte pause d'à peine une heure, la journée de Léa se poursuit au pas de course. Sa dernière visite de la journée est au domicile de madame Robert. Âgée de 79 ans, celle-ci a subi une opération du genou et éprouve de grosses difficultés à se déplacer.

« Bonsoir madame Robert ! La journée s'est bien passée ?

– Non, c'était long ! »

Allongée dans son lit, la dame, assez corpulente, est déjà en chemise de nuit. Il est 18 h 45.

5. Rémy MARQUIER et Sandra NAHON, DREES, « Les conditions de travail des aides à domicile en 2008 », *Dossiers Solidarité et Santé* n° 30, 2012.

« Je vois que vous êtes déjà prête, les aides-soignantes sont passées ?

– Oui. »

Comme madame Robert ne peut pas se mouvoir seule, des aides-soignantes viennent chaque jour pour la laver, la lever et la réinstaller dans son lit le soir. Léa, elle, s'occupe principalement du ménage, des courses et des repas.

« Vous savez ce que vous voulez manger ?

– J'aimerais bien des nouilles à la sauce tomate.

– D'accord, je vous prépare ça. »

Le soir, Léa n'a qu'une demi-heure pour ranger un peu l'appartement et préparer le repas. À peine arrivée, elle met aussitôt de l'eau à chauffer. Il n'y a pas une minute à perdre. Pendant qu'elle s'affaire en cuisine, je l'interroge, intriguée :

« Pourquoi cette dame est-elle déjà au lit, alors qu'elle n'a pas encore mangé et qu'il est à peine 19 heures ?

– Les couchers commencent dès 18 heures, me répond-elle.

– C'est tôt !

– Oui. Le problème c'est qu'on a de plus en plus de personnes qu'on doit aider à manger et à se coucher le soir, et on n'est pas assez nombreux pour pouvoir commencer plus tard malheureusement.

– Certains râlent un peu parfois ?

– Certains oui, surtout l'été, comme les jours sont plus longs, ils voudraient être couchés plus tard.

– Leurs nuits sont longues !

– Oui, d'autant que certains ne sont pas levés avant 9 heures, donc c'est sûr qu'ils passent beaucoup de temps au lit. Mais la plupart comprennent qu'ils ne sont pas tout seuls et qu'on ne peut pas faire autrement. »

De retour dans le salon, je demande à madame Robert ce qu'elle en pense. « Évidemment, je préférerais être couchée un peu plus tard et être levée plus tôt, mais que voulez-vous ? Il n'y a pas assez de personnel, c'est comme ça ! » Ses paroles résonnent comme un air de déjà entendu. Je découvre qu'à domicile, comme en EHPAD, les personnes âgées sont souvent contraintes de s'adapter aux horaires qui leur sont imposés.

Léa nous rejoint un plateau dans les mains.

« Voilà, tenez madame Robert. Je vous ai mis une compote en dessert, ça vous va ?

– Oui, merci beaucoup ! »

Son plateau-repas devant elle, la dame entame son assiette de pâtes. Un sourire éclaire son visage. « Des bonnes petites choses, ça améliore la vie ! »

Il est 19 h 15. Léa doit déjà repartir. Elle laisse madame Robert finir de manger tranquillement.

« Je vous amène votre pot pour vos dents. Vous pourrez les mettre dedans quand vous aurez terminé.

– Merci, vous pensez à tout ! »

Léa referme la porte de l'appartement et dévale les escaliers quatre à quatre pour regagner sa voiture. En moyenne, elle effectue huit visites à domicile par jour sur une amplitude horaire de 12 heures. « Quand je rentre chez moi le soir, je suis crevée, mais je suis contente, me confie-t-elle. Je me dis que j'ai aidé des personnes, je me sens utile. » Pourtant, la jeune femme n'est pas sûre de pouvoir tenir ce rythme pendant de longues années. « C'est très physique. Il y a beaucoup de manutentions, de personnes à manipuler, sans avoir forcément le matériel adéquat. Alors le dos en prend un sacré coup! Et puis, la vie personnelle aussi! Quand vous rentrez tard le soir, que vous travaillez un week-end sur deux, ce n'est pas évident non plus de concilier le boulot et une vie de famille. Pour l'instant je n'ai pas d'enfants, mais dans quelques années, la question risque de se poser. » Sans oublier les nombreux trajets quotidiens entre chaque domicile. Pour se déplacer, Léa utilise son propre véhicule. Elle est défrayée à hauteur de 35 centimes du kilomètre pour les frais d'essence et l'usure de la voiture, « pas assez » selon elle. Au total, en tenant compte de ces indemnités kilométriques, elle perçoit environ 1 150 euros nets par mois pour 140 heures.

Un métier peu rémunérateur et difficile

À l'instar de Léa, l'immense majorité (98 %) des intervenants à domicile auprès de personnes fragilisées sont des femmes. Elles peuvent être employées directement par les particuliers (de gré à gré) ou bien *via* un organisme de services à la personne (public, associatif ou privé lucratif). Leur moyenne d'âge est de 45 ans et 70 % d'entre elles sont à temps partiel[6]. Rémunérées majoritairement à hauteur du SMIC, elles perçoivent environ 1 100 euros bruts par mois pour un temps moyen d'une centaine d'heures[7]. Une

6. Rémy Marquier, DREES, « Les intervenantes au domicile des personnes fragilisées en 2008 », *Études et Résultats*, n° 728, juin 2010.
7. Rapport de branche de l'aide à domicile, 2017.

rémunération faible, qui engendre de la précarité. Ainsi, 62 % d'entre elles appartiennent aux 40 % des personnes les plus modestes[8].

À cette précarité viennent s'ajouter des conditions de travail « tendues », comme le soulignent les sénateurs Jean-Marie Vanlerenberghe et Dominique Watrin dans leur rapport sur l'aide à domicile[9] : « Les trajets sont nombreux et parfois longs. Si le temps partiel est fréquent – et souvent subi –, les personnels demeurent mobilisés sur des plages horaires étendues, allant du lever au coucher des personnes accompagnées. Ils effectuent en outre des interventions souvent hachées, caractéristique renforcée par le système de tarification horaire et la tendance actuelle à la limitation du niveau des plans d'aide. […] La solitude des interventions, outre qu'elle peut exposer davantage aux accidents du travail, constitue également un facteur de risques psychologiques. Les stations debout sont bien plus fréquentes que dans d'autres professions : 95 % des salariés restent debout de façon prolongée contre une moyenne de 49 % pour les autres familles professionnelles en France. Il en est de même s'agissant du transport de charges lourdes, notamment lorsqu'il s'agit d'effectuer des transferts de personnes. »

Conséquence de ces conditions de travail difficiles : un risque élevé d'épuisement et d'accidents du travail. Ainsi,

8. Myriam El Khomri, *Plan de mobilisation nationale en faveur de l'attractivité des métiers du grand âge 2020-2024*, octobre 2019.
9. Jean-Marie Vanlerenberghe et Dominique Watrin, *Rapport d'information fait au nom de la commission des affaires sociales sur l'aide à domicile*, juin 2014.

selon une enquête de la DREES publiée en 2012[10], plus d'un tiers des intervenantes employées par des services d'aide à domicile peuvent être considérées « en situation de risque d'épuisement professionnel » et 45 % d'entre elles déclarent avoir connu au moins un arrêt de travail au cours des 12 derniers mois.

Des services d'aide à domicile qui n'arrivent plus à recruter

Difficiles et mal rémunérés, les métiers de l'aide à domicile attirent peu. Pourtant, les besoins sont colossaux, ainsi que le mentionne Dominique Libault dans son rapport sur le Grand Âge[11] : « Le rapport de branche de l'aide à domicile pour 2017 fait état d'un besoin de recrutement immédiat de l'ordre de 17 000 personnes. L'UNA évalue à 19 % la part des postes créés en 2018 et restés vacants. D'après Pôle emploi, 77 % des projets de recrutement d'aides à domicile et aides ménagères sont jugés difficiles par les employeurs. »

Ces difficultés de recrutement, Valérie Mougeot y est confrontée tous les jours. Cette femme énergique aux cheveux roux flamboyants dirige l'association Colchique qui emploie Léa. Chaque semaine, avec l'équipe encadrante, elle doit faire, défaire et refaire les plannings pour pallier les absences et le manque de personnel récurrent.

10. Rémy Marquier et Sandra Nahon, DREES, *op. cit.*

11. Dominique Libault, *op. cit.*

« Alors, le gros problème qu'on a c'est lundi ! annonce l'une des responsables. On a 45 situations où on n'a personne !

– Sans compter l'absence de Flora, renchérit une autre salariée. Donc, en tout, ça fait pas loin d'une cinquantaine. »

Nous sommes vendredi après-midi. L'équipe de Valérie Mougeot n'a que 48 heures pour résoudre ce casse-tête : trouver du personnel disponible pour se rendre chez une cinquantaine de personnes âgées, en plus du planning déjà établi. Autant dire mission impossible. Car les journées des aides à domicile sont déjà très chargées. Seule solution : demander aux salariés de faire encore plus d'heures supplémentaires, voire rappeler ceux qui sont en repos ou en congés.

« Alors Dominique, son arrêt est prolongé... Josiane pareil. Christina, elle reprend en milieu de semaine. Et Yann il pourrait ?

– Non, il est fatigué. Il ne veut plus d'heures supplémentaires.

– Et Dolorès, elle est vraiment partie ? Si elle est restée dans le coin, on peut peut-être lui demander ?

– Ça veut dire qu'on lui supprime ses congés ?

– Disons une partie seulement... »

Valérie Mougeot et ses collègues se retrouvent face à des choix cornéliens : refuser d'accompagner certaines personnes âgées ou prendre le risque d'un épuisement de leur personnel.

« Si on supprime les congés d'un salarié, celui-ci peut ensuite se mettre en arrêt, alerte l'une des cadres. On ne pourra pas envoyer quelqu'un chez tout le monde !

– OK, ce qu'on va faire c'est qu'on va lister les priorités, c'est-à-dire les gens qui vivent seuls et qui sont isolés. Ceux qui sont en couple ou qui ont des enfants disponibles, on va essayer de s'arranger avec les familles », tranche la directrice.

« Aujourd'hui on travaille en permanence à flux tendu, m'explique-t-elle. Il me manque au moins 15 personnes. L'année dernière j'ai payé 6000 heures supplémentaires, c'est vous dire ! Bon, les aides à domicile sont payées, ce n'est pas le problème, mais il y a la fatigue. À un moment donné, elles n'en peuvent plus ! Jusqu'où on va aller comme ça ? Elles doivent être ultrapolyvalentes, ultradisponibles, ultraflexibles… Tout ça pour être payées au SMIC ! »

Début 2021, les quatre organisations associatives de l'aide à domicile – l'UNA, l'Adédom, l'ADMR et la FNAAFP/CSF – ont tiré la sonnette d'alarme en lançant une campagne de sensibilisation au titre choc : « Vous ne pourrez bientôt plus choisir de rester à domicile[12]. » Leur but ? Inciter les Français à soutenir leurs revendications en interpellant leurs élus. « Il faut une remise à plat complète de l'aide à domicile, on ne peut plus attendre ! » martèle Marie-Reine Tillon, la présidente de l'Union nationale de l'aide, des soins et des services aux domiciles (UNA). « Comme les services peinent à recruter, certains sont obligés de refuser d'accompagner des personnes âgées, faute de salariés suffisants. » En effet, selon un récent sondage[13] réalisé auprès de 174 structures adhérentes à l'UNA, un poste sur trois est vacant et un quart

12. https://urgencedomicile.org

13. Sondage Opinion Way pour UNA, *Étude auprès des adhérents, vague 3*, mai 2021.

des directeurs interrogés affirme avoir refusé des demandes en raison d'un manque de personnel. Ainsi, près d'une nouvelle demande d'accompagnement sur cinq n'a pas pu être prise en charge intégralement en 2020. « Cela signifie qu'il existe en France des déserts de l'accompagnement à domicile, s'indigne Marie-Reine Tillon. Autrement dit, des territoires où les personnes en perte d'autonomie ne peuvent pas être prises en charge. Et avec le vieillissement de la population, cela ne va pas aller en s'arrangeant ! »

Le ras-le-bol des « invisibles »

Les employeurs ne sont pas les seuls à protester. Les aides à domicile, elles aussi, crient leur colère. Colère de n'être jamais considérées, de se sentir méprisées, oubliées, abandonnées. Durant la crise sanitaire, un collectif national a même vu le jour. Baptisé « La force invisible des aides à domicile » il a été fondé en juillet 2020 par Anne Lauseig, une employée d'une entreprise privée de services à la personne dans la région de Bordeaux. « Un soir, je suis rentrée chez moi après une journée particulièrement difficile, se souvient-elle. Je me suis assise sur mon canapé et je me suis sentie profondément seule et isolée. Pourtant, on est des milliers à exercer le même métier. Mais comme on travaille à domicile, on est toujours seule, on ne rencontre personne hormis les bénéficiaires dont on s'occupe, et personne ne nous voit. On est clairement invisibles ! » Depuis, près de 7 000 intervenants à domicile ont rejoint son association. Ensemble, ils militent pour une refonte du secteur de l'aide à domicile. « Il faut absolument redéfinir les métiers.

Aujourd'hui, les aides à domicile ne font plus uniquement les courses, le ménage et de l'accompagnement aux repas. Nous sommes de plus en plus amenées à réaliser des actes qui ne font normalement pas partie de nos prérogatives, comme les toilettes par exemple, tout simplement parce que les infirmiers et les aides-soignants ne sont pas assez nombreux dans certains secteurs et que beaucoup refusent de les faire. Le problème, c'est que les aides à domicile ne sont pas toujours suffisamment formées pour effectuer certaines tâches. Comme les structures manquent de personnel, les filles se retrouvent souvent seules au bout de deux jours, après avoir accompagné des intervenants en binôme. Mais ce n'est pas suffisant ! Il faudrait au moins une semaine pour apprendre correctement comment faire une toilette ou un transfert, éviter les risques de fausses routes, etc. »

Pour pallier ces difficultés, Anne Lauseig suggère de rendre obligatoires au minimum deux sessions de formation dans les premiers mois qui suivent le recrutement d'une aide à domicile : l'une pour apprendre les bons gestes et les bonnes postures, l'autre pour les premiers secours. Enfin, le collectif revendique une seule et même convention collective et une meilleure rémunération des aides à domicile, en adéquation avec les tâches effectuées.

Pour se faire entendre, les aides à domicile ont aussi manifesté un peu partout en France. L'un des mouvements les plus retentissants a eu lieu à Blois, dans le département du Loir-et-Cher. Le 21 décembre 2020, Ana Fernandes, déléguée CGT, et une dizaine de ses collègues décident d'entreprendre une grève illimitée. Employées par l'ADMR (Aide à domicile en milieu rural), elles veulent obtenir une rémunération plus juste et dénoncent un « glissement des tâches permanent ». « Le principal problème, c'est qu'on emploie aujourd'hui des aides à domicile pour effectuer les actes des auxiliaires de vie, voire des aides-soignantes, m'explique Ana Fernandes. Comme notre employeur ne trouve pas de professionnelles diplômées pour les toilettes, il nous envoie les faire à leur place. Sauf qu'on n'a pas le même salaire que les aides-soignantes ! » Payées au SMIC, Ana et ses collègues réclament, entre autres, une revalorisation de leur salaire à hauteur de 12 euros nets de l'heure, ainsi qu'une augmentation de leurs indemnités kilométriques à 50 centimes du kilomètre, contre 35 aujourd'hui. Fin mars, après un long bras de fer, l'ADMR et son principal financeur, le Conseil départemental du Loir-et-Cher, ont finalement proposé plusieurs mesures, dont des temps pleins pour les aides à domicile qui le souhaitent. Des propositions qui n'ont pourtant pas satisfait les grévistes. « Ce qui a été mis sur la table est une base de négociations, m'explique Ana Fernandes lorsque je la recontacte début avril 2021. Mais cela ne répond toujours pas à nos principales revendications. C'est pourquoi, jusqu'à maintenant, on n'a signé aucun accord de fin de conflit. » Après trois mois de grève – un record dans le secteur –, Ana et ses collègues se sont tout de même résolues à reprendre le travail. « Financièrement, cela devenait compliqué pour nous toutes. Mais on ne laisse pas tomber le combat pour autant ! Notre motivation est toujours là. On va continuer à faire grève un jour par semaine. »

De son côté, Alexandre Hausknost, le directeur de l'ADMR du Loir-et-Cher, juge les revendications des grévistes « légitimes sur le fond », mais affirme ne pas pouvoir y accéder pour le moment. « Il est clair que le métier d'aide à domicile doit être revalorisé, aussi bien au niveau de l'image, qu'au niveau du salaire, me dit-il. Le problème, c'est que la rémunération des professionnels du domicile du secteur associatif est encadrée par une convention collective[14]. Tant que cette convention n'évolue pas, je ne peux pas décider, à mon seul niveau, d'augmenter le taux horaire ni les indemnités kilométriques. Mais notre convention collective devrait évoluer très prochainement. En tout cas, il le faut ! »

Des salaires bientôt revalorisés ?

En France, la rémunération des intervenants à domicile est en effet encadrée par des conventions collectives. À l'instar de l'ADMR, la majorité des structures sont associatives (environ 60 %) et relèvent de la convention collective de la branche de l'aide, de l'accompagnement, des soins et des services à domicile (BAD). Selon cette convention, à chaque catégorie de métier (aide à domicile, auxiliaire de vie, infirmier, etc.) correspond une grille, indiquant le coefficient en fonction de l'ancienneté du salarié. Pour obtenir le salaire de base d'un salarié, il faut multiplier ce coefficient par la « valeur du point » négociée par la branche. Cette valeur du point est de 5,50 euros depuis le premier janvier 2020[15]. Or, sur la base de cette

14. La convention collective de la branche de l'aide, de l'accompagnement, des soins et des services à domicile (BAD).

15. Avenant 44 du 30 avril 2020 relatif à la valeur du point, agréé par le ministère des Solidarités et de la Santé en octobre 2020 avec effet rétroactif au 1er janvier 2020.

convention collective, les salariés sans ancienneté relevant de la catégorie A (comme les aides à domicile par exemple) ont un salaire horaire de base de 9,79 euros bruts, c'est-à-dire moins que le SMIC[16] ! La loi interdisant de rémunérer un salarié en dessous de ce salaire minimum, les aides à domicile perçoivent donc en réalité le SMIC, soit l'équivalent de 1 231 euros nets pour un temps plein. Mais elles doivent attendre d'avoir une quinzaine d'années d'ancienneté pour prétendre à une rémunération supérieure au minimum légal. Bref, ce mode de calcul est aujourd'hui complètement obsolète.

C'est la raison pour laquelle la Branche de l'aide à domicile a décidé de revaloriser les salaires et les métiers dans le cadre d'un nouvel avenant à sa convention collective. Appelé « avenant 43 », celui-ci doit toutefois être agréé avant d'entrer en vigueur. Après un premier avis défavorable de la Commission nationale d'agrément[17], la ministre déléguée à l'Autonomie, Brigitte Bourguignon, s'est engagée à ce que cet avenant soit bel et bien agréé d'ici fin mai 2021[18]. « Avec l'agrément que le gouvernement s'apprête à donner à "l'avenant 43", une refonte complète de la grille conventionnelle entraînera une augmentation salariale historique à hauteur de 13 à 15 % pour les 209 000 personnels des services d'aide et d'accompagnement

16. Au 1er janvier 2021, le montant du SMIC horaire brut est de 10,25 euros.

17. Communiqué de presse de Brigitte BOURGUIGNON, « Avenant 43 à la Convention collective de la branche de l'aide à domicile », publié sur le site du ministère des Solidarités et de la Santé le 18 novembre 2020.

18. Communiqué de presse de Brigitte BOURGUIGNON « Avenant 43 : vers une hausse historique des salaires des aides à domicile », publié sur le site du ministère des Solidarités et de la Santé le 1er avril 2021.

à domicile (SAAD) et des services de soins infirmiers à domicile (SSIAD), applicable dès le 1er octobre 2021 », affirme la ministre déléguée. Concrètement, l'augmentation pour une aide à domicile sans diplôme avec 10 ans d'ancienneté serait de 227 euros bruts par mois. Pour une auxiliaire de vie débutante mais titulaire du DEAES[19], cette augmentation atteindrait 300 euros bruts par mois.

Qui financera ces hausses de salaires ? Actuellement, le financement des services d'aide à domicile est principalement à la charge des départements. Mais l'État s'est engagé à y participer. Une aide a déjà été votée dans la loi de financement de la sécurité sociale du 14 décembre 2020. D'un montant de 200 millions d'euros par an, cette aide sera versée chaque année par la Caisse nationale de solidarité pour l'autonomie (CNSA) aux départements pour la revalorisation des professionnels du domicile. « Dans le cadre d'une application de cet avenant au 1er octobre prochain, le surcoût pour les départements s'élèverait à 75 millions d'euros en 2021, compensé par l'État à hauteur de 70 %, par l'intermédiaire de la CNSA, soit un coût résiduel pour les départements de 22 millions d'euros. À partir de 2022, l'État s'engage à couvrir 50 % de la dépense supplémentaire, pour un montant de 150 millions d'euros », assure la ministre déléguée dans son communiqué de presse. Mais, pour l'heure[20], l'Assemblée des départements de France (ADF) ne s'est pas prononcée

19. Le DEAES, diplôme d'État d'accompagnant éducatif et social, a été créé en 2016. Il remplace et fusionne les diplômes d'État d'auxiliaire de vie sociale (DEAVS) et d'aide médico-psychologique (DEAMP) et intègre le métier d'auxiliaire de vie scolaire.
20. Au moment où j'écris ces lignes, en mai 2021.

officiellement sur ce plan de financement. Des incertitudes demeurent donc quant à leur engagement financier et à l'application concrète de cet avenant.

L'autre problème – et pas des moindres – c'est que ces hausses de salaire ne s'adressent qu'aux intervenants du secteur associatif dépendant de la convention collective de la BAD. Tous les autres en sont exclus. « Les annonces de la ministre peuvent laisser penser que l'ensemble des salariés de l'aide à domicile vont voir leur rémunération augmenter, or tous ceux qui dépendent des autres conventions collectives, soit environ 160 000 salariés, ne sont pas concernés par ces revalorisations », me dit Dafna Mouchenik, la présidente du Synerpa Domicile et directrice de l'entreprise solidaire d'utilité sociale LogiVitae. « Contrairement à ce que l'on pourrait croire, les entreprises d'aide à domicile n'ont pas plus de moyens que les associations de revaloriser les salaires de leurs employés. Celles qui le font sans financements publics sont obligées d'augmenter leur tarif horaire et cela se fait au détriment des bénéficiaires. Personnellement, et comme nombre d'entre nous, je ne m'y résous pas. » Pour preuve, l'entreprise dirigée par Dafna Mouchenik a aligné son tarif horaire – hormis les week-ends et les jours fériés – sur celui du tarif APA du département de Paris, soit 19,67 euros, ce qui rend l'équilibre budgétaire de son service souvent incertain.

Des inégalités selon les départements

Aussi curieux que cela puisse paraître, les heures d'aide à domicile ne sont pas remboursées de la même manière sur l'ensemble du territoire. En effet, des disparités existent entre les départements. Comme indiqué plus haut, ces heures peuvent être prises en charge par les conseils départementaux dans le cadre de l'APA. Or, d'après le rapport des sénateurs Jean-Marie Vanlerenberghe et Dominique Watrin[21], le montant remboursé varie entre 17 et 25 euros de l'heure selon le département. En plus de réduire ces disparités, les sénateurs estiment qu'il faudrait augmenter les tarifs, ceux-ci étant beaucoup trop faibles au regard du coût réel d'une heure d'intervention à domicile. « Cette situation nuit à la qualité du service rendu ainsi qu'aux salariés, notamment en décourageant les efforts de formation et de professionnalisation réalisés par les services ».

Un constat partagé par la plupart des fédérations des services à la personne. Selon une étude[22] publiée en 2018 par la Fédésap, 70 % des départements fixent un tarif moyen APA inférieur à 20,50 euros. Or, en 2016, le coût moyen d'une heure d'aide à domicile était évalué à 24 euros. « D'après une étude prospective que nous avons menée[23], si on veut davantage rémunérer les salariés, les former correctement et augmenter les temps d'échanges et de coordination, le coût de revient d'une heure d'aide à domicile dépasserait 32 euros, affirme Marie-Reine Tilllon, la présidente de l'UNA. Si nous voulons pouvoir vieillir dignement chez nous, il faut vraiment revoir entièrement le financement des services d'aide à domicile. »

21. Jean-Marie VANLERENBERGHE et Dominique WATRIN, *op. cit.*, p. 27.
22. Observatoire national du domicile, *Tarif APA, Étude des réalités départementales*, mai 2018.
23. UNA, *Quel modèle de SAAD pour demain ?*, décembre 2020.

En attendant, pour s'en sortir financièrement, de nombreuses structures font déjà le choix d'augmenter leur tarif horaire par rapport au tarif remboursé par le Conseil départemental. Conséquence : les personnes âgées bénéficiaires de l'APA sont obligées de payer un reste à charge, en plus de leur éventuel ticket modérateur. Ainsi, dans le Territoire de Belfort, l'association Colchique facture chaque heure à domicile 23,30 euros. Le minimum pour ne pas être dans le rouge, selon sa directrice. Mais le tarif remboursé par le Conseil départemental n'est que de 19,40 euros. Pour chaque heure d'aide à domicile effectuée, la personne âgée a donc un reste à charge de 3,90 euros à payer. Pour deux heures d'aide à domicile par jour, cela représente près de 235 euros par mois et plus de 2 800 euros à l'année. « Ce n'est pas normal que cette différence de tarif soit à la charge des bénéficiaires, s'indigne Valérie Mougeot. On ne fait pas le choix de devenir dépendant, c'est comme tomber malade ! L'accompagnement à domicile devrait être mieux pris en charge et de manière équitable dans tous les départements. »

Des vies entre parenthèses

Les aidants, eux aussi, pâtissent de l'insuffisance de moyens accordés au secteur de l'aide à domicile. Ce sont eux qui, bien souvent, viennent pallier les carences du système. Mais à quel prix ?

« Tiens, maman, voilà tes médicaments ! » Nathalie dépose trois comprimés blancs sur la table de la cuisine. Il est 8 heures. Comme chaque matin depuis huit mois, cette femme de 49 ans prépare le petit déjeuner de sa mère, Rolande. C'est le début d'une longue journée. L'impression d'un jour sans fin qui recommence éternellement. Une légère pointe de lassitude dans la voix, Nathalie répète : « Regarde Mamour, tu as encore oublié un médicament ! » À côté d'elle, Rolande réplique :

« Où ça ?

– Là !

– Ah oui. Il est tellement petit, comment voulez-vous voir ça ? »

La vieille dame me regarde, les yeux pleins de malice, en avalant son comprimé. C'est la première fois que je rencontre les deux femmes. Nous sommes en août 2018. Je vais passer la journée à leurs côtés pour m'imprégner de leur quotidien. La mère et la fille vivent à nouveau sous le même toit, mais leurs rapports se sont inversés. L'une est « aidée », l'autre « aidante ». De prime abord, la maladie de Rolande est difficile à cerner. À 78 ans, elle paraît en pleine forme physiquement. Ses cheveux, qu'elle a teints en brun pour masquer ses mèches blanches, encadrent son visage marqué par les années. Je l'observe feuilleter le journal en buvant son café, les ongles de ses pieds vernis en rouge. Elle me fait aussitôt penser à ma grand-mère maternelle. La même coquetterie, le même intérêt pour l'actualité, mais aussi la même maladie : Alzheimer.

« Le diagnostic est tombé en octobre 2017, se souvient Nathalie. Cela faisait plusieurs mois qu'on voyait bien avec mes frères et sœurs qu'elle commençait à décliner. Elle venait de perdre son deuxième mari, décédé d'un arrêt cardiaque, et elle ne s'alimentait pratiquement plus. Mais c'est surtout son comportement qui nous inquiétait. Elle mettait le chauffage à fond chez elle, elle utilisait de l'huile d'olive à la place du liquide vaisselle et elle nous appelait paniquée en pleine nuit pour qu'on vienne la chercher… Cela n'était plus possible de la laisser seule chez elle. » Au départ, c'est l'une des sœurs de Nathalie qui héberge Rolande. Mais, très vite, la cohabitation se révèle impossible. Alors Nathalie décide de prendre le relais et d'accueillir sa mère chez elle. « Sur le moment, je n'ai pas vraiment réfléchi, je voulais la sauver. Je me disais que c'était normal de m'occuper d'elle comme elle s'était occupée de moi lorsque j'étais petite, c'était mon devoir. À l'époque, il était impensable pour moi qu'elle aille en EHPAD, cela me paraissait trop violent. »

Cette décision, Nathalie la prend avec son mari, Alain, qui partage sa vie depuis 10 ans. Lui aussi s'est occupé de ses parents lorsqu'ils étaient au crépuscule de leur vie. Pour le couple, la présence de Rolande vient combler l'absence des enfants, partis fonder leur propre foyer. Mais son état nécessite une surveillance permanente. Début 2018, Nathalie contacte le Conseil départemental pour demander l'Allocation personnalisée d'autonomie (APA) pour Rolande. L'assistante sociale évalue son degré de dépendance équivalent au GIR 4. Elle a le droit à 52 heures d'aide à domicile par mois, soit à peine deux heures par jour. Mais qui s'occupera de Rolande le reste du temps, lorsque sa fille sera au travail ? Employée dans un centre d'appels, Nathalie se rend à l'évidence : il lui est impossible de concilier son travail et son rôle d'aidante. Et pour elle, pas question de demander à son mari, jeune retraité, de s'occuper de Rolande. Ce n'est tout simplement pas son rôle. Nathalie fait donc un choix radical : mettre sa vie professionnelle entre parenthèses. Elle obtient de sa direction le droit de suspendre son contrat pour prendre un congé proche aidant[24] et s'occuper de sa mère à plein temps.

À l'époque où elle prend ce congé, Nathalie ne bénéficie d'aucune allocation[25]. Ses seuls revenus proviennent de l'APA octroyée à Rolande, qui lui est reversée, soit l'équivalent d'environ 370 euros nets par mois. En effet, la loi autorise une personne âgée à employer un membre de sa famille[26] en tant qu'aide à domicile dans le cadre de l'APA qui lui est accordée. Bien entendu, le montant que perçoit alors Nathalie ne permet pas de la rémunérer à la hauteur du temps qu'elle passe à s'occuper de sa mère. Car, dans les faits, son aide est quasiment permanente.

Les journées de Nathalie sont rythmées par les mêmes rituels. Après le petit déjeuner, elle doit veiller à ce que sa mère prenne bien sa douche, car sa maladie affecte tous les gestes de la vie quotidienne, même les plus habituels. Si elle est encore assez autonome pour pouvoir se laver seule, Rolande oublie ce qu'il faut faire si sa fille ne le lui rappelle pas.

---

24. Depuis 2017, le congé proche aidant remplace le congé de soutien familial. Il permet à tout salarié de cesser temporairement son activité professionnelle pour s'occuper d'un proche souffrant d'un handicap ou faisant l'objet d'une perte d'autonomie d'une gravité particulière. À l'issue de ce congé, le salarié a la garantie de retrouver son emploi ou un emploi équivalent. Ce congé sans solde est fixé à trois mois (en l'absence d'un accord collectif plus favorable) et il est renouvelable jusqu'à un an sur l'ensemble de la carrière du salarié.

25. Depuis octobre 2020, le salarié peut percevoir une allocation journalière de proche aidant (AJPA), dans la limite de 66 jours. Le montant de cette allocation est de 43,83 euros par jour pour une personne vivant en couple et de 52,08 euros par jour pour une personne vivant seule.

26. À l'exception du conjoint, concubin ou partenaire de PACS.

« Le flacon rouge c'est pour laver tes cheveux, d'accord Mamour ? N'oublie pas de les rincer après !

– Oui, oui ! »

Pour éviter que son état ne se dégrade davantage, Nathalie essaie par tous les moyens de stimuler Rolande. Celle-ci ne se fait d'ailleurs pas prier pour participer aux tâches ménagères. Ce jour-là, les deux femmes préparent une blanquette de veau. Comme chaque midi, Alain les retrouve pour le déjeuner. Âgé de 63 ans, le mari de Nathalie passe une grande partie de ses journées à s'occuper du potager et à retaper une vieille ferme héritée de ses parents. Il m'assure que la présence de Rolande ne le dérange pas du tout, même s'il reconnaît des « moments de tension » entre la mère et la fille. « Je vois bien que Nathalie est parfois tendue, qu'elle n'est pas toujours bien dans sa peau. Je l'avais prévenue, je lui avais dit : "Tu verras, ça ne sera pas facile tous les jours !" » Nathalie abonde : « C'est vrai que je ne me suis pas rendu compte que ce serait si dur. Je n'imaginais pas les conséquences sur mon moral et ma vie personnelle. Avant, j'avais une vie sociale bien remplie. Et, d'un seul coup, je me suis retrouvée sans activité professionnelle, complètement isolée. » Rolande, elle-même, a du mal à trouver sa place au milieu du couple.

« Je ne suis jamais embarrassante, je ne pense pas ? demande-t-elle.

– Pas du tout ! lui répond Alain.

– Si seulement j'avais une compagnie, je pourrais repartir chez moi. Le problème, c'est surtout le soir. J'ai peur le soir quand je suis seule. Il faut que je me trouve un homme ! » Tous les trois éclatent de rire. Une chose est sûre, Rolande n'a pas perdu son sens de l'humour.

À cause des troubles cognitifs liés à sa maladie, la vieille dame n'aime pas rester seule. Elle sollicite en permanence sa fille. Pour chercher ses lunettes, retrouver le livre qu'elle a égaré, sortir le chien… Celle-ci n'a pratiquement aucun moment de répit. « Il faut toujours que je sois près d'elle, même quand elle regarde la télé. C'est un peu comme un enfant qui ne sait pas s'occuper tout seul, explique Nathalie. Je dois l'emmener partout, même pour aller chercher une baguette de pain. Si je veux voir des amis, c'est pareil, elle m'accompagne. Mais ce n'est pas évident d'imposer la compagnie de sa mère. Du coup, je ne vois pratiquement plus personne. » Nathalie n'était pas préparée à ce changement de vie. Surtout, elle ne sait pas toujours comment réagir face au comportement de sa mère. Les premiers mois sont très difficiles.

Deux aidants sur dix au bord de l'épuisement

Comme Rolande, en France, 2,7 millions de personnes âgées de 60 ans ou plus sont aidées par au moins un de leurs proches à domicile[27], que ce soit pour accomplir des gestes de la vie quotidienne, un soutien moral ou encore une aide financière ou matérielle. Une personne âgée pouvant recevoir l'aide de plusieurs proches, le nombre d'aidants est supérieur à celui des personnes aidées. La DREES dénombre ainsi

27. Xavier BESNARD, Mathieu BRUNEL, Nadège COUVERT, Delphine ROY, DREES, « Les proches aidants des seniors et leur ressenti sur l'aide apportée. Résultats des enquêtes *CARE* auprès des aidants (2015-2016) », *Les dossiers de la DREES* n° 45, novembre 2019.

3,9 millions de proches aidants auprès de seniors à domicile. La moitié d'entre eux sont les enfants de la personne aidée, un quart les conjoints, un sur 10 est un autre membre de la famille et seulement 7 % ne font pas partie du cercle familial. Ce sont donc en très grande majorité les enfants et les conjoints qui endossent le rôle d'aidant, et dans près de 60 % des cas ce sont des femmes. L'exemple de Nathalie est ainsi plutôt représentatif du profil type d'aidant, même si le fait de vivre avec son proche âgé ne concerne que 16 % des enfants aidants.

Comment les proches aidants vivent-ils cette situation ? L'aide apportée à son parent ou son conjoint est-elle toujours choisie ou peut-elle parfois être subie ? Quelles sont les conséquences sur la vie et la santé de l'aidant ?

Selon une enquête publiée par la DREES en 2019[28], près de 90 % des enfants et conjoints « estiment tout à fait normal d'aider leur conjoint ou parent », mais plus d'un tiers des enfants qui cohabitent avec leur parent ont le sentiment de devoir faire des sacrifices pour l'aider. Et pour cause : les enfants qui vivent avec leur proche âgé connaissent une situation de vie plus défavorable que ceux qui ont leur propre logement. Ils sont moins souvent en couple, les deux tiers d'entre eux n'ont pas d'enfant et ils sont deux fois plus nombreux à être au chômage. Au-delà de l'impact sur la vie personnelle et professionnelle, cette enquête révèle aussi que, dans la moitié des cas, l'aide apportée a au moins une conséquence négative sur la santé de l'aidant.

28. *Ibid.*

Une autre enquête, menée par la DREES en 2012[29], alertait déjà sur la charge ressentie par les proches aidants et les conséquences sur leur propre santé. D'après cette étude, 20 % des aidants déclarent ressentir une charge importante ou lourde, synonyme de fatigue morale ou physique. Ces aidants « sont parfois au bord de l'épuisement », certains souffrant de symptômes dépressifs, de troubles du sommeil ou de problèmes de dos. Et ils en viennent à négliger leur propre santé : 18 % d'entre eux ont ainsi renoncé à des soins alors qu'ils en ressentaient le besoin. Leur vie sociale étant souvent réduite à peau de chagrin, beaucoup déclarent avoir besoin de répit.

À 31 ans, Marie fait partie de ces aidants au bord de l'épuisement. Employée dans l'hôtellerie de luxe, la jeune femme a dû démissionner pour s'occuper de son père. Âgé de 70 ans, celui-ci a été amputé des deux jambes et doit être dialysé trois fois par semaine en raison de problèmes de reins. Comme il est divorcé et que Marie est son unique fille, c'est elle qui a dû gérer seule l'accompagnement à domicile à sa sortie d'hôpital. « C'était juste avant le premier confinement, se souvient Marie. On m'a appelée pour me dire que mon père allait devoir sortir prématurément car des lits devaient être libérés en prévision de la vague de Covid-19. J'ai eu très peu de temps pour me retourner. Mon père avait déjà droit à un peu d'aide à domicile, mais il a fallu faire réévaluer son plan d'aide et cela a pris beaucoup de temps. Alors, au début, j'ai dû m'occuper moi-même de beaucoup de choses,

29. Noémie SOULLIER, DREES, « Aider un proche âgé à domicile : la charge ressentie », *Études et Résultats,* n° 799, mars 2012.

comme le lever et le coucher. Je ne savais pas comment faire les transferts, j'étais paniquée, je pleurais quasiment tous les jours. »

Au bout de trois mois, le plan d'aide est enfin réévalué. Classé en GIR 2, son père a le droit à deux heures d'aide à domicile par jour. C'est le maximum auquel il peut prétendre et tout est pris en charge par l'APA. Mais, pour Marie, c'est très largement insuffisant. D'autant qu'elle ne trouve aucun infirmier disponible qui accepte de venir faire les toilettes de son père, pourtant prises en charge par l'assurance maladie. Alors Marie doit « bricoler » avec le peu d'aide dont elle dispose. « Les aides à domicile viennent une heure le matin pour changer mon père, lui faire sa toilette au lit et l'installer sur son fauteuil, et une heure le soir pour le changer et le remettre dans son lit. Tout le reste, c'est-à-dire les courses, les repas, les rendez-vous médicaux, c'est moi qui m'en occupe. Sachant que je suis parfois obligée de former les aides à domicile car certaines débarquent après avoir été embauchées le matin même et n'ont aucune expérience ! Et elles ne peuvent pas faire des douches, c'est trop compliqué avec le handicap de mon père. Donc je paye en plus une aide-soignante au noir, qui vient lui donner une douche par semaine. »

Au total, depuis un an, Marie passe près de cinq heures par jour chez son père. Comme elle n'a pas de droit au chômage, elle vit du RSA[30] et a dû retourner vivre chez sa mère par nécessité. Son père, ancien aide-comptable, touche 1 100 euros de retraite. Pas suffisant pour payer plus d'aides à domicile, et encore moins une place en maison de retraite

30. Revenu de solidarité active.

à 2 000 euros par mois. Ses revenus lui permettraient pourtant de bénéficier de l'aide sociale, qui pourrait financer une grande partie du tarif hébergement en EHPAD, mais les places sont très limitées. « J'ai fait une soixantaine de demandes dans tout le département, mais je n'ai essuyé que des refus ! assure Marie. Bref, quand on est très dépendant et qu'on n'a pas beaucoup d'argent, croyez-moi, c'est la galère ! »

Un droit au répit encore insuffisant

Résignée, la jeune femme cherche désormais à faire valoir son « droit au répit ». Instauré par la loi d'adaptation de la société au vieillissement votée en décembre 2015[31], ce droit au répit a pour but de permettre à l'aidant de souffler quelques jours, voire quelques semaines. Il peut ainsi financer, à hauteur de 500 euros par an, un accueil de jour ou de nuit, une place d'hébergement temporaire dans un établissement ou en accueil familial, ou bien une solution de relais à domicile. Pour bénéficier de ce répit, Marie a donc envoyé plusieurs dizaines de demandes d'hébergement temporaire en maisons de retraite, mais là encore, elle s'est heurtée à un mur. « Le principal problème, c'est qu'il n'y a

31. Le droit au répit concerne les proches aidants de personnes bénéficiaires de l'APA, assurant une présence ou une aide indispensable à la vie à domicile de leur proche et qui ne peuvent pas être remplacés pour assurer cette aide par une personne de l'entourage. Ce droit au répit peut être activé quand le plafond du plan d'aide APA de la personne aidée est atteint. Voir le portail d'information pour les personnes âgées et leurs proches : https://www.pour-les-personnes-agees.gouv.fr/actualites/quest-ce-que-le-droit-au-repit

pas assez de chambres disponibles dans les EHPAD pour l'hébergement temporaire. Et, là où il y a de la place, on me dit que mon père est trop dépendant, d'autant qu'il doit faire une dialyse trois fois par semaine, ce qui veut dire être aidé pour monter et sortir de l'ambulance, et visiblement c'est impossible, faute de personnel suffisant. »

La situation de Marie n'est pas isolée. De fait, plus la dépendance est importante, plus les places en hébergement sont difficiles à obtenir, ainsi que le souligne le collectif Je T'aide dans son plaidoyer *24 heures/24, 7 j/7, 365 j/an : Quel répit pour les aidant·e·s ?*[32] : « La disponibilité des offres de répit est donc fonction de la complexité de la prise en charge : plus la personne aidée a des besoins importants, et donc plus la charge pour l'aidant·e est lourde, et les risques pour sa santé élevés, plus les possibilités de répit sont rares, alors même qu'elles sont encore plus urgentes pour les aidant·e·s. Avec ce système, plus c'est compliqué, plus ce sera aux familles de se débrouiller : cruel paradoxe ! »

Autre problème majeur : le montant alloué pour ce droit au répit est largement insuffisant. C'est notamment ce que dénonce le député Pierre Dharréville dans sa mission « flash » sur les aidants : « Le montant maximal (500 euros par an) est à l'évidence dérisoire par rapport aux besoins et aux coûts réels d'une prise en charge : d'après le comparateur de prix du ministère, le tarif hébergement temporaire dans une chambre seule dans le département des Bouches-du-Rhône varie par exemple de 60 à 150 euros, auxquels il faut

32. Je T'aide, *24 heures/24, 7 j/7, 365 j/an : Quel répit pour les aidant·e·s ?*, mai 2020.

ajouter un tarif en fonction du degré de dépendance. [...] Tout ceci montre que la somme de 500 euros est loin de constituer une réponse suffisante pour permettre aux aidants de bénéficier d'un véritable droit au répit[33]. » Un constat que partage le Dr Hélène Rossinot, spécialiste de santé publique et de médecine sociale, dans son livre *Aidants, ces invisibles.* Selon elle, ce droit au répit est « un premier pas positif, mais avec 500 euros par an, la pause ne se compte pas en semaines mais plutôt en jours[34] ! »

Conséquence : seules certaines familles, les plus aisées, peuvent s'offrir un répit digne de ce nom. Là encore, la situation de Marie illustre parfaitement cette injustice. Après un an d'attente, la jeune femme a finalement obtenu une place d'hébergement temporaire dans un EHPAD pour son père. Celui-ci y a donc séjourné un mois, le minimum requis par l'établissement. Et la facture s'est avérée très salée. « Une fois les 500 euros d'aide déduits, il me restait 1 700 euros à régler ! s'indigne Marie. Le problème, c'est que je ne l'ai appris que quelques jours avant la sortie de mon père et je n'ai clairement pas les moyens de payer cette somme. Il va donc falloir échelonner les paiements sur plusieurs années. Une chose est sûre : je ne pourrai pas me permettre de demander un nouveau droit au répit dans ces conditions-là. C'est impossible ! En fait, le système profite surtout aux gens qui ont de l'argent. Pour les autres, les moins bien lotis, c'est vraiment très compliqué. »

33. Pierre DHARRÉVILLE, *Mission « flash » sur les aidants*, janvier 2018, p. 6.
34. Dr Hélène ROSSINOT, *Aidants, ces invisibles,* Éditions de l'Observatoire, 2019, p. 147.

Marie vit aujourd'hui avec le sentiment d'être « sacrifiée ». « Je n'ai pas le droit de défaillir, me dit-elle. Certes, j'ai fait le choix d'accompagner mon père et je ne le regrette pas, mais j'aimerais pouvoir le faire autrement. Avoir droit à davantage d'aide à domicile pour me soulager et, surtout, être mieux reconnue et soutenue. »

Que se passe-t-il lorsque l'aidant ne peut pas bénéficier de soutien et de répit, pourtant vitaux? Bien souvent, cela se termine par l'hospitalisation de la personne aidée, voire de celle de l'aidant. Or, si l'aidant défaillit, c'est tout le système qui s'effondre, à l'image de ce que décrit le Dr Hélène Rossinot : « Les aidants sont plus que de simples accompagnants. Ils sont la colonne vertébrale invisible des systèmes de santé. Mais lorsqu'on force trop sur un os, il casse. Et si c'est une vertèbre, une fracture peut tout simplement mener à la paralysie. Voilà ce qui nous attend, si nous continuons à nous appuyer sur eux sans les soutenir[35]. »

Des associations pour soutenir les aidants

De nombreuses associations viennent heureusement en aide à ces aidants qui se retrouvent démunis. Pour n'en citer que quelques-unes : le collectif Je T'aide, qui organise chaque année la Journée nationale des aidants et qui réunit une trentaine de structures, dont France Alzheimer, Avec nos proches et Espace singulier; ou encore l'Association

35. *Ibid.*, p. 8.

française des aidants, qui met en place des formations et des ateliers d'échanges entre aidants[36].

« Aujourd'hui, ce sont clairement les associations qui pallient les défaillances du système », affirme Claudie Kulak, la présidente du collectif Je T'aide et la fondatrice de La Compagnie des aidants. Chaque année la caravane « Tous aidants » de son association parcourt la France pour aller à la rencontre de ceux qui accompagnent un proche au quotidien. « Les témoignages que nous recueillons sont très poignants et souvent douloureux, raconte-t-elle. Les gens vivent des choses horribles ! Et parfois, les proches aidants décèdent même d'épuisement avant la personne aidée. »

Pour Claudie Kulak, la priorité pour soulager véritablement les aidants est d'augmenter les plans d'aide délivrés par les départements : « Il n'y a clairement pas assez d'heures d'aide à domicile pour les personnes âgées. Il faut les augmenter et arrêter de les délivrer au compte-gouttes ! Aujourd'hui, seules les personnes qui ont de l'argent peuvent rester dignement chez elles. Ceux qui n'ont pas de moyens sont laissés-pour-compte, ce n'est pas acceptable dans notre société ! » La fondatrice de La Compagnie des aidants milite aussi pour une meilleure reconnaissance du statut et des droits des proches aidants. « Depuis quelques années, les choses ont tout de même évolué mais, pour l'instant, il ne s'agit que de petites mesures, trop restrictives et pas toujours adaptées à la situation des aidants. » C'est

36. En 2019, l'association a mis en place 215 « Cafés des Aidants » sur l'ensemble du territoire français. Animés par un travailleur social et un psychologue une fois par mois, ces temps de rencontres et d'échanges sont gratuits et ouverts à tous les aidants, quels que soient l'âge et la pathologie de la personne accompagnée.

le cas pour le droit au répit, mais aussi pour le congé proche aidant. Depuis 2017, ce congé permet de s'arrêter de travailler quelques semaines ou quelques mois en ayant la certitude de retrouver son emploi ensuite. Durant cette période, l'aidant peut également bénéficier d'une allocation. Le problème, c'est que cette allocation équivaut à seulement 44 euros par jour si on vit en couple et 52 euros si on vit seul. « C'est dérisoire ! s'emporte Claudie Kulak. Mais, surtout, cette allocation n'est versée que si la personne aidée dépend des GIR 1 à 3, correspondant aux degrés de perte d'autonomie les plus élevés. Or, il faudrait que cette allocation puisse être attribuée dès qu'un professionnel de santé estime qu'une personne a besoin d'un tiers pour l'aider dans sa vie quotidienne. Car c'est souvent au moment où la personne commence à devenir dépendante que l'aidant a besoin de temps pour se retourner. Du temps pour accueillir son proche qui sort de l'hôpital, comprendre comment le système fonctionne, faire une demande d'APA, contacter les services d'aide à domicile, etc. Il faut donner aux salariés les moyens de s'occuper de leurs parents, sans qu'ils soient tiraillés entre leur rôle d'aidant et leur travail. »

Cela fait maintenant près de 10 ans que Claudie Kulak se bat pour que le statut des aidants évolue. Elle a d'ailleurs publié un livre sur le sujet[37], qu'elle conclut par ces mots : « Il n'est pas possible pour un aidant – quels que soient son courage ou la force de son amour – de tout assumer seul, sans reconnaissance, sans un certain nombre de mesures destinées à soulager son quotidien. […] À l'usure, la situation pourrait

37. Claudie KULAK, *Les Aidants. Ces proches indispensables du quotidien,* Nouvelle Cité, mars 2021.

devenir explosive. Dans ce contexte, accorder davantage de reconnaissance aux aidants est une nécessité. C'est une question d'humanité. »

La maltraitance à huis clos

L'épuisement des aidants peut aussi être un facteur de risque de maltraitance. Selon les dernières statistiques de la Fédération 3977[38], 75 % des maltraitances envers les personnes vulnérables, notamment âgées, ont lieu à domicile. Et, dans deux tiers des cas, le mis en cause appartient à l'entourage familial de la victime[39].

Pour lutter contre ces maltraitances, la Fédération 3977 a mis en place un dispositif d'alerte. Un numéro d'appel national, le 3977, permet à toute personne de signaler un cas ou un risque de dérapage. En 2019, sur les 25 000 appels passés auprès de la plateforme nationale, près de 6 800 dossiers ont été ouverts pour des cas de maltraitance supposés ou avérés. Ces dossiers sont ensuite transmis aux bénévoles des centres départementaux (ALMA[40]) qui vont recontacter les appelants, les accompagner dans leurs démarches et leur proposer des solutions.

Comment fonctionne ce dispositif ? Pour le savoir, je contacte l'un des centres départementaux adhérant à la

38. La Fédération 3977 contre les maltraitances est un dispositif associatif d'alerte et de prévention des maltraitances envers les personnes en situation de vulnérabilité (notamment âgées ou en situation de handicap) en France.
39. Ces statistiques sont calculées à partir des appels recueillis par la plateforme nationale d'écoute de la Fédération 3977 en 2020.
40. Allô maltraitance personnes âgées, majeurs handicapés.

Fédération 3977, l'ALMA Franche-Comté. La présidente, Marie-Claude Cortot, me propose d'assister à une permanence de l'association.

Ce jour-là, comme tous les vendredis après-midi, six bénévoles vont répondre aux appels, écouter et tenter d'orienter les personnes. Leur rôle est aussi de faire de la prévention et de réaliser un suivi des dossiers. Un cas les inquiète particulièrement : celui de madame G.

« Donc, madame G., elle est mariée et elle a cinq enfants en bas âge, récapitule Inès[41], l'une des bénévoles. Elle nous a appelés pour nous dire que sa mère était sortie de l'hôpital précipitamment il y a deux ans, sans qu'il y ait de suivi, et c'est elle qui a dû s'en occuper et l'héberger chez elle, alors qu'elle n'était pas du tout préparée à ça. Elle s'est retrouvée totalement dépassée.

– En fait, elle nous appelait au secours, renchérit une autre bénévole. Elle-même se sentait complètement débordée. Elle était à bout. Elle voulait à tout prix prendre du repos et cherchait une solution d'urgence pour sa mère. »

Le groupe de bénévoles lui conseille alors de faire une demande d'hébergement temporaire en EHPAD et de demander à son médecin traitant d'appuyer la demande. « On sentait qu'il fallait l'aider, car il y avait un vrai risque, ajoute Inès. Elle aurait pu devenir violente verbalement, faire preuve de maltraitance psychologique ou de négligence, voire carrément abandonner sa mère pour prendre des vacances. C'est ce que nous craignions le plus. » Sans nouvelles de cette dame depuis plusieurs semaines, ils décident de lui téléphoner.

41. Le prénom a été changé.

« Oui, bonjour madame G., c'est l'association ALMA, vous allez bien ?

– Oui, ça va.

– Bien, on vous appelle pour prendre des nouvelles de la situation de votre maman.

– Eh bien, figurez-vous que ma mère a été placée en maison de retraite depuis le 16 juillet.

– D'accord, donc il s'agit d'un placement définitif ?

– Oui c'est ça.

– Très bien. Et comment le vivez-vous ?

– Je suis soulagée. Et mes enfants aussi. Vous savez, moi avec tout ça, j'ai fini à l'hôpital.

– Ah bon ? Pour quelles raisons ?

– J'étais fatiguée, j'avais de la fièvre… On ne savait pas ce que j'avais.

– Je pense que c'était lié au surmenage…

– Ah c'est sûr, c'est pour ça qu'il fallait vraiment que ma mère soit placée, parce que je n'en pouvais plus !

– C'est vrai que quand on vous a eue au téléphone, vous sembliez à bout. Essayez de prendre du recul par rapport à tout ça. Maintenant, votre maman est en institution, vous pourrez lui rendre visite quand vous voulez. En tout cas, je sens dans votre voix que vous allez vraiment mieux.

– Oui, d'autant que je sais que la maison de retraite où où elle réside désormais est très bien.

– Je pense que c'était la meilleure solution pour elle et pour vous. Je vous souhaite une bonne continuation.

– Merci, au revoir ! »

Inès raccroche, l'air soulagé. « Je suis satisfaite de l'issue, je craignais vraiment que ça dégénère. D'autant que c'est assez rare que ce soit l'aidant lui-même qui nous appelle pour nous dire qu'il n'en peut plus et qu'il faut faire quelque chose. Le plus souvent, ce sont d'autres membres de la famille qui nous alertent, les intervenants extérieurs ou bien les voisins. »

Lorsque les bénévoles suspectent un risque ou des faits avérés de maltraitance, ils n'interviennent pas directement. Ils passent généralement le relais à un service ou à un professionnel qui pourra diligenter une enquête ou se déplacer. « Dans les cas les plus graves, les bénévoles peuvent aussi appeler la police, précise Isabelle Gilet, la responsable de la plate-forme nationale. Mais c'est très rare qu'ils soient amenés à le faire. »

Ce dispositif existe depuis plusieurs années, mais il est encore méconnu de la population, comme le déplore Stéphanie Atger, députée La République en marche de l'Essonne : « Tout le monde devrait connaître le 3977, à l'instar du 3919 pour les femmes victimes de violences conjugales. Sauf que ce n'est pas le cas, loin de là ! Cela en dit long sur la manière dont nous considérons nos aînés. Il faut absolument multiplier les campagnes de communication pour faire connaître ce dispositif et sensibiliser les Français sur la question des maltraitances envers les personnes âgées. » Un sujet qui demeure tabou, selon la députée, notamment lorsqu'il a lieu dans le huis clos familial. « Merci de vous y intéresser ! » me dit-elle en m'accueillant dans son bureau à l'Assemblée nationale. Nous sommes en mars 2021. Stéphanie Atger vient de déposer une proposition de loi visant à lutter contre les violences exercées à l'encontre des personnes vulnérables[42]. « Il y a quelques années, j'ai été témoin de faits de maltraitance envers une vieille dame, me raconte-t-elle. Il s'agissait d'une femme que je croisais régulièrement sur mon ancien lieu de travail. Son mari venait de décéder et son petit-fils était venu vivre chez elle. Un jour, je l'aperçois avec un œil au beurre noir et, peu à peu, je découvre que son petit-fils la violente et lui vole de l'argent. À l'époque, la police est alertée, mais la dame ne veut surtout pas porter plainte. Finalement, des mesures sont mises en place pour la protéger. Cette histoire m'a profondément marquée. »

Devenue députée, Stéphanie Atger a fait de la protection des plus vulnérables son combat. Après avoir auditionné de nombreuses associations, des médecins, des commissaires de police et des magistrats, elle découvre l'ampleur de ces violences, souvent tues. Elle souhaite désormais que la loi permette de mieux protéger les plus âgés contre toute forme de maltraitance, y compris lorsque celle-ci est exercée par leurs enfants ou leur conjoint. « Aujourd'hui, il existe une immunité familiale pour certains délits s'appliquant aux personnes vulnérables, comme le vol, l'abus de confiance, l'escroquerie ou le chantage, explique la députée. Ma proposition de loi vise, entre autres, à lever cette immunité familiale afin que les auteurs puissent être poursuivis, comme cela l'est déjà pour les violences physiques. » Stéphanie Atger demande également la remise d'un rapport parlementaire sur les faits de maltraitance

42. Stéphanie ATGER, *Proposition de loi visant à favoriser l'autonomie des majeurs protégés et à lutter contre les violences exercées à l'encontre des personnes vulnérables*, février 2021.

envers les personnes âgées, ceux-ci étant encore trop peu documentés et donc méconnus.

En effet, l'une des rares études réalisées sur le sujet date de 2005[43]. L'équipe de sociologues, qui a dirigé cette étude, indique d'ailleurs en préambule : « Aucune enquête nationale n'a jusqu'à présent qualifié les formes ni, *a fortiori*, mesuré la fréquence des violences subies par les personnes âgées vulnérables, et notamment les plus dépendantes d'entre elles. » Menée à partir de dossiers de plaintes et d'entretiens semi-directifs auprès de personnes âgées, cette étude qualitative n'apporte pas non plus de chiffres sur la maltraitance. Son but est de caractériser les différents aspects des maltraitances perçues et de comprendre comment et pourquoi les personnes âgées ou leur entourage décident de porter plainte. Ainsi, les auteurs observent que la maltraitance n'est souvent pas reconnue « car les faits évoqués ne sont pas considérés comme suffisamment *graves*, ou encore la victime est plutôt suspectée d'être *délirante,* comme en atteste parfois la demande de visite psychiatrique des autorités sanitaires ». Et de conclure : « Tout se passe donc comme si pour les maltraitances vécues par des personnes vulnérables (personnes âgées, plus ou moins dépendantes), il fallait le plus souvent un garant extérieur pour rendre la plainte crédible. [...] Les victimes sont alors perçues par les destinataires des plaintes comme ne pouvant pas parler et attester du préjudice subi. »

43. Hélène THOMAS, Claire SCODELLARO, Delphine DUPRÉ-LÉVÊQUE, DREES, « Perceptions et réactions des personnes âgées aux comportements maltraitants : une enquête qualitative », *Études et Résultats,* n° 370, janvier 2005.

Quand le maintien à domicile atteint ses limites

Deux ans après ma première visite, je retourne voir Nathalie et sa mère Rolande, qui souffre de la maladie d'Alzheimer. Nous sommes en septembre 2020. Nathalie héberge toujours sa mère mais elle a dû rependre son emploi de téléconseillère à mi-temps. Lorsqu'elle travaille, Rolande se rend en accueil de jour dans un EHPAD – « le club », comme elle l'appelle – où elle se plaît beaucoup. Ce compromis, dont le coût s'élève à plus de 400 euros par mois, permet à Nathalie de souffler un peu. Mais la charge mentale est toujours présente, d'autant que le confinement est passé par là. Durant près de trois mois, les maisons de retraite ont fermé leurs portes à toute personne extérieure. « L'état de Rolande s'est beaucoup dégradé durant cette période, regrette sa fille. Comme elle n'allait plus à l'accueil de jour, elle faisait moins d'activités et était moins stimulée. On ne pouvait plus sortir, elle ne comprenait pas pourquoi et fuguait souvent. Pour moi cela a été très dur, j'ai senti que j'étais à bout. » Nathalie trouve heureusement une solution de répit durant l'été. Sa mère est ainsi hébergée en accueil temporaire dans un EHPAD durant trois semaines. Comme ce séjour s'est bien passé et que Rolande semblait s'y plaire, Nathalie a finalement pris la décision de l'y inscrire de manière permanente. « Maman est sur liste d'attente, me dit-elle. Cela me rend triste, bien sûr, mais je sais que c'est la meilleure chose à faire. À force de vivre 24 heures sur 24 ensemble, notre relation s'est détériorée. Je veux que nous retrouvions de meilleurs rapports, pouvoir aller la voir pour passer de bons moments avec elle et non plus m'occuper d'elle par obligation. C'est devenu trop lourd pour moi. Et si son état se dégrade encore davantage, je sais que je ne pourrai pas gérer seule. Je suis heureuse d'avoir pu l'accompagner durant ces trois années, mais il est temps que cela s'arrête. » Une décision mûrement réfléchie, que les frères et sœurs de Nathalie comprennent parfaitement, d'autant qu'aucun d'entre eux ne souhaite prendre le relais.

Depuis, Rolande est entrée en maison de retraite. Quitter le domicile de sa fille n'a certes pas été facile, mais elle s'est habituée peu à peu à cette nouvelle vie. Ses enfants lui rendent visite très régulièrement. Aux dernières nouvelles, Rolande se porte bien, même si les troubles liés à sa maladie progressent, hélas, inexorablement.

L'entrée d'un parent en institution est souvent un choix difficile et douloureux pour les enfants. Mais il est parfois nécessaire. Car le maintien à domicile a ses limites, tout comme l'aide apportée par les aidants. C'est ce que décrit très justement Pascal Champvert dans son livre *Prendre soin de nos aînés, c'est déjà prendre soin de nous*[44] : « Le rôle des familles n'est pas d'aider pendant des années leurs parents très âgés à la toilette, au lever, au coucher ou au repas. Il n'est pas non plus d'être réveillé plusieurs fois par nuit. Aider, à ce niveau-là, exige des compétences. C'est un métier. [...] Le rôle des familles est d'aimer leurs parents âgés, de venir les voir régulièrement, de partager des moments avec eux et de bénéficier de ce qu'ils ont à transmettre. Il est donc urgent de déculpabiliser les familles. [...] Enfin, dans l'hypothèse d'une pathologie lourde, comme celle d'Alzheimer, l'entrée

44. Pascal CHAMPVERT, *Prendre soin de nos aînés, c'est déjà prendre soin de nous*, Carnets Nord, 2012.

en établissement est tôt ou tard inévitable. Il est essentiel d'en parler le plus rapidement possible avec la personne concernée. À moins, bien sûr, qu'elle (ou sa famille) ne soit en mesure de financer le coût extrêmement élevé d'une aide à domicile 24 heures sur 24 pendant plusieurs années. »

Quelles solutions pour demain ?

Augmenter le personnel et mieux le former

« Quelle est la priorité aujourd'hui ? » Cette question mérite d'être d'abord posée aux premiers concernés : nos aînés. J'interroge ainsi Philippe Wender, le président de l'association Citoyennage et porte-parole des personnes âgées en maisons de retraite et à domicile. Sa réponse ne se fait pas attendre : « Il faut à tout prix augmenter le nombre de professionnels, en institution comme à domicile, mais aussi mieux les former ! »

Des doléances qui figurent parmi les 15 propositions que l'association Citoyennage a partagées dans le cadre de la concertation nationale sur le grand âge, lancée entre octobre 2018 et janvier 2019, et qui a abouti au rapport Libault[1]. L'une des principales mesures préconisées dans ce rapport est ainsi d'augmenter les effectifs dans les métiers de ce secteur : « L'amélioration de l'accompagnement et de la qualité du service suppose d'augmenter le temps de présence humaine en proximité de la personne âgée. Il est donc proposé de financer une hausse des effectifs en

1. Dominique LIBAULT, *Concertation Grand âge et autonomie*, *op. cit.*

établissement, à travers une augmentation de 25 % du taux d'encadrement en EHPAD d'ici 2024 pour les personnels auprès des résidents [...]. À domicile, un effort financier de 550 millions d'euros d'ici 2024 en faveur des services d'aide et d'accompagnement à domicile est proposé[2] », écrit Dominique Libault.

De même, dans son rapport[3] sur les métiers du grand âge, l'ancienne ministre Myriam El Khomri propose d'ouvrir 18 500 postes supplémentaires par an d'ici 2024 afin de « répondre aux besoins de prise en charge du grand âge, dans un contexte de vieillissement démographique d'une part et de nécessaire augmentation du taux d'encadrement et du renforcement des temps collectifs d'autre part ». Elle insiste également sur la nécessité de valoriser ces métiers : en augmentant les rémunérations, mais aussi en améliorant la formation et les conditions de travail, à domicile comme en institution.

À cet égard, la hausse de salaire du personnel des EHPAD, accordée dans le cadre des accords du Ségur de la Santé, ainsi que l'augmentation des rémunérations de quelque 210 000 professionnels du domicile promise par la ministre déléguée à l'Autonomie avec l'agrément de l'« avenant 43 », sont sans conteste une première avancée non négligeable.

2. *Ibid.*, p. 17.
3. Myriam El Khomri, *Plan de mobilisation nationale en faveur de l'attractivité des métiers du grand âge 2020-2024*, octobre 2019.

Repenser le modèle des EHPAD

Augmenter le temps de présence du personnel et valoriser les métiers du grand âge ne suffira évidemment pas. Tous les professionnels du secteur avec lesquels j'ai pu m'entretenir sont unanimes sur ce point : le modèle des EHPAD doit également être repensé. Ne plus en faire uniquement des lieux de soins mais aussi et surtout des lieux de vie. Certains établissements font déjà figure d'exemples.

Parmi eux, le « village des Aubépins » dans la petite ville de Maromme, en Normandie. Cette maison de retraite médicalisée accueille 80 personnes âgées en perte d'autonomie. Sa directrice, Marie-Pascale Mongaux, l'a entièrement reconstruite au début des années 2000. « Lorsque j'ai pris le poste de direction, l'établissement était livré à lui-même, me raconte cette femme à l'énergie solaire. Tout était vétuste, les chambres comportaient deux lits, il n'y avait aucun projet, aucune vision. Je me suis dit : “Comment peut-il y avoir des lieux aussi pourris pour prendre soin de nos vieux ?” » Seul avantage : un emplacement en plein cœur du centre-ville, juste en face de la place de l'église, à côté de la mairie, de l'école, de la médiathèque et des commerces. Marie-Pascale Mongaux se lance alors un immense défi : tout raser pour transformer l'établissement en un lieu de vie, ouvert sur l'extérieur. « Je voulais absolument rester dans le centre-ville et ne surtout pas partir à l'écart. Pour moi, c'était hyper important. Une personne âgée est un citoyen avant tout. Si elle ne peut plus se déplacer, c'est à la cité de venir à elle. » La nouvelle directrice propose ainsi une idée, inspirée de l'un de ses voyages au Québec : intégrer au rez-de-chaussée de l'établissement des boutiques, accessibles non seulement aux résidents, mais aussi à tous les habitants de la commune, tels un coiffeur, une esthéticienne, un bistrot ou un atelier de couture.

Son projet, révolutionnaire à l'époque, finit par séduire. Grâce à un emprunt, ainsi qu'à des subventions de l'ARS et du département, elle obtient les 14 millions d'euros nécessaires pour réaliser les travaux. « L'ensemble a été pensé pour permettre aux résidents d'avoir une vue et un accès sur l'extérieur, explique la directrice. L'idée était de recréer un esprit de village. » Le bâtiment, très lumineux, est construit autour d'un patio. Au premier niveau, trône la place du village, un endroit où peuvent se réunir les résidents et autour duquel se trouvent les boutiques et le restaurant. Dans les étages, les couloirs portent le nom de rues, chaque logement a un numéro, une boîte aux lettres et un heurtoir. « Les résidents doivent se sentir chez eux, dans une résidence, et non pas en institution. Chacun peut personnaliser son logement avec ses meubles et le lit n'est pas forcément placé au milieu de la pièce comme dans un hôpital. Tout a été conçu pour rendre les lieux à la fois beaux et confortables. C'est primordial, non seulement pour les résidents, mais aussi pour les familles et le personnel. » Marie-Pascale Mongaux en est convaincue, il faut ériger des lieux de ce type un peu partout. Tout en les rendant accessibles. Le village des Aubépins est d'ailleurs un établissement public hospitalier, où le prix de la journée est encadré par le département, le montant mensuel moyen équivalant à environ 2 100 euros.

Se sentir chez soi tout en profitant d'un environnement sécurisé : c'est ce qui plaît à Jacques Billaux. « Allez-y, entrez, je vous en prie ! » Le vieil homme aux cheveux blancs et au regard vif pose *Le Figaro*, qu'il était en train de lire, et m'accueille dans son logement. Un petit studio de 25 mètres carrés, qu'il a meublé à son goût. Âgé de 87 ans, Jacques vit au village des Aubépins depuis près de deux ans. Diabétique, il a été amputé d'une jambe. Mais, grâce à sa prothèse, il demeure relativement autonome. « Au départ, je suis venu ici pour rejoindre mon épouse qui était très malade, me raconte le vieil homme. Elle est décédée en mars dernier, suite à une crise cardiaque. C'était au tout début du confinement, cela a été très dur. J'ai même hésité à retourner dans mon appartement, mais finalement je suis mieux là. Je me sens plus en sécurité s'il m'arrive quelque chose ou si je chute, je sais qu'il y a toujours quelqu'un. Et puis, seul chez moi, je m'ennuierais je pense. Je me plais bien ici. On se sent beaucoup moins isolés que dans certains établissements. Rien qu'en regardant par la fenêtre, on voit la ville, il y a de la vie, c'est stimulant. D'autant que j'ai la chance d'avoir un balcon ! Bon, avec le coronavirus, c'est un peu particulier, mais en temps normal, je peux sortir aller boire un café, acheter le journal, ou aller à la médiathèque. Tout est à proximité, c'est vraiment pratique. »

Tous ses repas, Jacques Billaux les prend au restaurant. Située au rez-de-chaussée de la maison de retraite, la salle de restauration ne ressemble en rien à un réfectoire. Les tables rondes sont recouvertes de nappes blanches sur lesquelles sont disposés des petits bouquets de fleurs. Au fond de la pièce, une vitre permet d'apercevoir les cuisiniers préparer les repas. Deux serveurs apportent les assiettes, servent à boire, débarrassent. Et deux soignants aident également les résidents qui en ont besoin à manger. Ici, aucun salarié ne porte de blouse. Tous sont en tenue civile. « L'idée c'est que les résidents se sentent comme au restaurant, explique la directrice. Il y a même une petite salle, juste à côté, qui s'appelle le garage, pour que chacun puisse y laisser son déambulateur ou son fauteuil. On peut penser que tous ces détails sont inutiles, mais moi je suis persuadée qu'ils sont essentiels. »

Bien sûr, toutes les personnes qui vivent au village des Aubépins ne sont pas en mesure de venir prendre leur repas au restaurant. Celles qui sont les moins autonomes mangent soit dans leur chambre, soit dans des petits salons, situés à chaque étage.

« Vous me faites bien réchauffer la quiche, hein ?

– Oui, bien sûr ! Vous voulez un peu d'eau citronnée ? »

Émilie verse la boisson dans le verre de la vieille dame. Elle est aide-soignante. Avec ses deux collègues, elle accompagne la dizaine de résidents qui ne peuvent pas s'alimenter seuls, puis elle s'occupe des couchers. « Le soir on est trois à chaque étage pour une quarantaine de résidents, mais idéalement il faudrait qu'on soit quatre », m'explique-t-elle. Comme partout, il faudrait plus de personnel. Mais Émilie voit la différence avec l'établissement où elle travaillait auparavant. « Ici on est très rarement en mode dégradé. Les absences sont quasiment toujours remplacées, sauf s'il s'agit d'une absence de dernière minute. On est équipés en matériel et on travaille dans un cadre agréable et lumineux, ce qui ne gâche rien. » Pour Marie-Pascale Mongaux, « augmenter les dotations en personnel est une priorité, mais il ne faut pas uniquement des soignants », précise-t-elle. « Nous avons aussi besoin de plus de psychologues, d'ergothérapeutes et d'animateurs. Car les maisons de retraite doivent avant tout rester des lieux de vie. D'ailleurs, il faut les rebaptiser ! On ne devrait plus parler d'EHPAD, mais de résidences. »

Transformer les EHPAD en véritables lieux de vie, où les résidents seraient des « habitants » : c'est aussi ce que préconise le think thank Matières Grises, à l'origine d'un récent rapport sur l'EHPAD du futur[4]. Luc Broussy, Jérôme Guedj et Anna Kuhn-Lafont, coauteurs de cette étude, affirment qu'il faut « renverser un paradigme qui prévaut depuis des décennies en EHPAD : celui qui exige que les résidents s'adaptent à l'organisation plutôt que l'inverse, celui qui fait prévaloir la sécurité sur la liberté, celui qui ne permet pas à la personne âgée de rester libre de ses mouvements, de son temps, de son rythme et de ses choix de vie, de son espace personnel, sous prétexte que l'organisation et les règles ne le permettent pas. » Les résidents doivent ainsi pouvoir vivre à leur rythme, se lever et se coucher quand ils le souhaitent, déjeuner lorsqu'ils ont faim et choisir leur menu. Les auteurs insistent également sur la nécessité de repenser entièrement l'architecture et les espaces : « En 2030, la praticité n'aura plus son mot à dire. Le bâti sera pensé pour la personne âgée, pour lui apporter confort, bien-être et intimité et non avec pour unique but de faciliter le travail des professionnels. Fini le lit au milieu de la pièce *parce que c'est plus pratique*. Fini la salle de restaurant de 80 places qui permet de *simplifier le service et l'organisation.* »

4. Luc Broussy, Jérôme Guedj et Anna Kuhn-Lafont, *L' EHPAD du futur commence aujourd'hui : propositions pour un changement radical de modèle*, mai 2021.

Ce changement de modèle va de pair avec la rénovation des établissements souhaitée par Dominique Libault[5]. « Un plan de rénovation des établissements de 3 milliards d'euros sur 10 ans devra par ailleurs être lancé, en particulier pour les établissements publics. Ce plan intégrera des exigences accrues en termes de qualité architecturale et valorisera la réalisation de petites unités de vie (15-20 personnes) au sein des établissements. » En effet, comme l'auteur le détaille un peu plus loin dans son rapport « 23 % des EHPAD n'ont pas été rénovés depuis plus de 25 ans [...]. Si les EHPAD privés lucratifs offrent quasiment exclusivement des chambres individuelles avec sanitaires privatifs, 11 % des places en EHPAD publics sont en chambre partagée et 25 % n'ont pas de douche privative[6]. » La crise sanitaire l'a cruellement montré, dans les EHPAD où se trouvent des chambres doubles, le virus se propage beaucoup plus rapidement. Face à l'urgence de la situation, le gouvernement s'est d'ailleurs engagé à verser 1,5 milliard d'euros pour la rénovation ou la création de places dans les EHPAD[7].

Développer l'EHPAD « hors les murs »

Faut-il, à terme, cesser de construire des EHPAD ? C'est en tout cas ce que proposent les sénateurs Bernard Bonne et Michelle Meunier dans leur rapport sur la prévention de

5. Dominique Libault, *op. cit.*, mars 2019, p. 17.
6. *Ibid.*, p. 31.
7. Communiqué de presse du Gouvernement, *Ségur de la Santé. Relancer les investissements en santé*, mars 2021, p. 6.

la perte d'autonomie, publié en mars 2021[8]. Ils s'appuient notamment sur l'exemple du Danemark, qui ne construit plus de maisons de retraite depuis une trentaine d'années. « D'autres pays sont en effet parvenus à construire un système plus souple, laissant l'équivalent de l'EHPAD aux personnes âgées les plus dépendantes, et diversifiant pour l'essentiel de la population les solutions de domiciles adaptés », écrivent les deux sénateurs.

De même, dans son avis sur les enjeux éthiques du vieillissement[9], le Comité consultatif national d'éthique (CCNE) décrie avec virulence ce qu'il considère comme une forme de ségrégation : « L'institutionnalisation de personnes âgées dépendantes, leur concentration entre elles, dans des établissements d'hébergement, les excluant du reste de la société, est probablement le fruit d'une dénégation collective de ce que peut être la vieillesse, la fin de la vie et la mort. Elle n'est pas respectueuse de ces personnes lorsqu'elle procède d'une contrainte, ce qui est souvent le cas. Quand bien même cette institutionnalisation contrainte serait revendiquée au nom de principes de bienveillance et dans le but d'assurer la sécurité de ces personnes vulnérables, la contrainte, en elle-même, l'absence fréquente d'alternative à celle-ci et de surcroît l'obligation de les faire payer pour ce que ces personnes ne souhaitent pas apparaissent contraires à une éthique du respect de ces personnes. »

---

8. Bernard BONNE et Michelle MEUNIER, *Rapport d'information sur la prévention de la perte d'autonomie*, 17 mars 2021.
9. Comité consultatif national d'éthique, *Avis n° 128. Enjeux éthiques du vieillissement. Quel sens à la concentration des personnes âgées entre elles, dans des établissements dits d'hébergement? Quels leviers pour une société inclusive pour les personnes âgées ?*, février 2018.

Le maintien à domicile n'étant pas toujours possible, ni même parfois souhaitable, le CCNE incite ainsi les pouvoirs publics à développer des alternatives : « L'hôpital de demain mais aussi les EHPAD devront aller « hors leurs murs » pour permettre aux offres de soins de se déplacer vers les personnes plutôt que de contraindre les personnes à se déplacer vers elles, comme c'est le cas aujourd'hui. C'est tout un travail en réseau, coordonné, qui va devoir se développer. Une politique respectueuse des personnes fragiles, qui se donnerait les moyens de les protéger et les considérerait comme une richesse et non une charge, honorerait la notion de démocratie. »

Le dispositif d'EHPAD « hors les murs », cité par le CCNE, se développe depuis quelques années. Encore expérimental, il permet de sortir du choix binaire entre l'établissement et le domicile, en créant des passerelles entre les deux.

Rémi Locquet est l'un des précurseurs de ce type de dispositif. Il est le directeur de l'EHPAD Saint-Louis à Rennes. Cet établissement fait partie de l'Hospitalité Saint-Thomas de Villeneuve, un groupe privé à but non lucratif. « Tout est parti d'un constat avec mon équipe il y a quelques années, me raconte Rémi Locquet. À l'époque, nous avions plus de 300 personnes sur liste d'attente. Et avec l'arrivée du papy-boom, nous savions que cela n'allait pas aller en s'arrangeant. D'un autre côté, certains résidents nous disaient qu'ils auraient préféré rester chez eux s'ils avaient pu, ce qui nous paraissait parfaitement légitime. Alors on s'est dit : plutôt que de créer de nouvelles places, il faut proposer autre chose, une offre complémentaire de ce qu'on fait déjà. »

De là naît l'idée de proposer les prestations et les services de l'EHPAD « hors les murs », c'est-à-dire à domicile. Objectif : permettre aux personnes en perte d'autonomie (relevant des GIR 1 à 4) de rester chez elles, au lieu d'entrer en maison de retraite. Opérationnel depuis septembre 2019, le projet a d'abord été financé par l'ARS de Bretagne, puis par la sécurité sociale, dans le cadre du dispositif « article 51 »[10]. Près de 150 personnes en bénéficient aujourd'hui dans le Finistère et dans l'Ille-et-Vilaine.

Concrètement, comment fonctionne ce système d'EHPAD « hors les murs » ? Il repose principalement sur trois types de services.

Premièrement, la coordination de tous les acteurs à domicile. Une coordonnatrice de parcours – salariée par l'EHPAD – se charge de contacter tous les intervenants à domicile (infirmiers, auxiliaires de vie, kinésithérapeutes, etc.) et d'organiser le plan d'accompagnement personnalisé. « D'habitude, toute cette organisation repose sur la personne âgée ou son proche aidant et c'est parfois très compliqué de trouver les bons intervenants, explique Rémi Locquet. La coordonnatrice, elle, s'appuie sur tout un réseau de partenaires pour faciliter les démarches. »

Deuxièmement, l'intervention des compétences de l'EHPAD au domicile. Comme cela se fait en établissement,

10. La loi de financement de la sécurité sociale pour 2018 a introduit, en son article 51, un dispositif permettant de soutenir financièrement les projets innovants en santé. Chaque projet est sélectionné sur la base de quatre critères : son caractère innovant, sa faisabilité, sa capacité à être diffusé et son rapport qualité/prix. À la fin de son expérimentation, le projet est ensuite évalué et peut être généralisé.

le médecin coordonnateur vient réaliser une évaluation gériatrique. Une sorte de bilan de santé, comprenant notamment des tests auditifs, visuels, cognitifs, de motricité et d'équilibre, ainsi que des analyses sanguines, afin de déterminer les fragilités de la personne. En fonction des besoins de celle-ci, un accompagnement lui est proposé par l'équipe mobile de l'EHPAD. Composée de trois aides-soignants en gérontologie (ASG), d'un ergothérapeute, d'un psychologue et d'une assistante sociale, celle-ci intervient en complément des acteurs à domicile habituels. « Par exemple, si la personne a des carences et/ou qu'elle s'alimente mal, les aides-soignants vont mettre en place des ateliers de cuisine pour l'aider à mieux manger, détaille le directeur. Si elle est très isolée ou qu'elle a peur de sortir seule, ils peuvent aussi l'accompagner chez le coiffeur ou bien l'emmener au musée. La psychologue, elle, peut organiser des temps d'échange avec la personne, ainsi qu'avec ses proches. C'est vraiment très varié et adapté aux besoins de chacun. » En moyenne, cet accompagnement individualisé est d'une heure par jour pour chaque bénéficiaire.

Enfin, troisièmement, la sécurisation de la vie à domicile. Avec l'aide de l'ergothérapeute, le logement de la personne est adapté en fonction de son degré d'autonomie : installation d'un lit médicalisé, remplacement d'une baignoire par une douche… L'assistante sociale est là pour épauler l'usager dans toutes les démarches de recherche de financements, souvent complexes. Des objets connectés sont également utilisés pour alerter en cas de chutes ou d'errances. L'appartement peut ainsi être équipé de capteurs de mouvements, qui vont analyser les habitudes de vie et détecter tout comportement anormal. La personne, elle, peut également porter un bracelet à détection de chute ou un médaillon GPS. En cas d'alerte, des aides-soignants peuvent intervenir à toute heure, de jour comme de nuit.

Marie-Thérèse et Roger bénéficient de ce dispositif depuis bientôt six mois. Ils me reçoivent dans leur petit appartement à Rennes, aux côtés de Fabienne, leur belle-fille. Anciens commerçants, les deux nonagénaires ont dû quitter leur maison à Saint-Lunaire suite à des soucis de santé, qui ont entraîné une importante perte d'autonomie physique pour Marie-Thérèse et quelques troubles neurologiques pour Roger. « On ne pouvait plus rester seuls, raconte Roger. Alors on s'est installés dans cet appartement entièrement de plain-pied, situé à quelques pas de celui de notre fils et de notre belle-fille. Au départ, comme ma femme avait beaucoup de mal à se déplacer et n'était plus capable de cuisiner, ce sont eux qui nous aidaient et nous préparaient à manger tous les midis. Mais nous, nous ne voulions pas que cette situation s'éternise et que cela devienne un poids pour eux. Alors il a fallu trouver une solution. » Désormais, grâce au système d'EHPAD « hors les murs », des repas leur sont livrés tous les jours, une aide à domicile vient entretenir leur logement et des aides-soignants leur rendent visite plusieurs fois par semaine pour réaliser des exercices de mémoire. Surtout, leur appartement est équipé d'un système de téléassistance. « Je vais vous montrer comment ça fonctionne », me dit Marie-Thérèse, en appuyant sur sa montre. Aussitôt un petit boîtier blanc dans le salon se met à clignoter. Et, quelques secondes plus tard, une voix s'élève :

« Bonjour, c'est la téléassistance ! Est-ce que tout va bien ?

– Excusez-moi, c'est une fausse alerte, répond Marie-Thérèse.

– Aucun problème, je vous souhaite une bonne soirée ! »

« Vous voyez, c'est très simple ! Au début, on n'avait pas l'habitude, alors on appelait souvent par erreur, car la montre détecte aussi les chutes, explique Roger. Mais maintenant, on s'est bien habitués !

– Cela nous tranquillise énormément de savoir qu'au moindre problème, quelqu'un peut venir à leur domicile, y compris en plein milieu de la nuit, ajoute Fabienne, leur belle-fille. Même si on habite juste à côté avec mon mari, on travaille tous les deux, on n'est pas toujours là, donc c'est vraiment rassurant pour nous. »

« Depuis son lancement, les effets de ce dispositif sont très satisfaisants, affirme Rémi Locquet. Cela a réellement permis à de nombreuses personnes en perte d'autonomie de rester chez elles en toute sécurité. Et pour les aides-soignants de l'équipe mobile, qui travaillaient auparavant au sein de l'EHPAD et qui pouvaient se sentir usés par leur métier, cela leur a donné un nouveau souffle et de nouvelles perspectives. Je pense que ce système peut concourir à l'attractivité du secteur. » Une étude doit maintenant être menée pour objectiver les résultats et définir un modèle économique.

Ailleurs en France, d'autres expérimentations de ce type sont également menées. Au total, une vingtaine d'EHPAD propose déjà des services « hors les murs », *via* le dispositif article 51. « La pression démographique s'intensifiant, nous sommes véritablement à un moment charnière. Au lieu de créer simplement de nouvelles places en institution, il faut absolument développer ce type de dispositif », plaide Rémi Locquet.

Donner plus d'autonomie aux professionnels du domicile

Ce système d'EHPAD « hors les murs » ne peut se généraliser que si le secteur du domicile lui-même évolue. Car il repose, en grande partie, sur ses intervenants : aides à domicile et auxiliaires de vie notamment. Or, comme je l'ai détaillé dans la partie précédente, ces métiers attirent de moins en moins, ce qui conduit à une pénurie de personnel. Augmenter les salaires est sans conteste le nerf de la guerre. Mais cela ne suffira pas. Il faut également améliorer les conditions de travail de ces professionnels, comme tentent de le faire, à leur niveau, certains acteurs du secteur.

C'est le cas de la société Alenvi. Fondée en 2016, cette entreprise solidaire d'utilité sociale (ESUS) entend « humaniser l'accompagnement des personnes âgées ». À l'origine, trois amis : Guillaume Desnoës, Thibault de Saint Blancard et Clément Saint Olive. « On s'est rendu compte que les professionnels de l'aide à domicile exerçaient un métier incroyable, fait d'empathie et de lien, mais en totale contradiction avec son organisation, très taylorisée, ce qui engendrait de la souffrance au travail, relate Clément Saint Olive. Or, il nous paraissait évident que, pour bien accompagner les personnes âgées, les aides à domicile et les auxiliaires de vie devaient d'abord être épanouis et valorisés. »

S'inspirant du modèle *Buurtzorg*[11] fondé aux Pays-Bas, les trois copains décident de repenser entièrement l'organisation d'une structure d'aide à domicile classique. Ils partent ainsi de l'idée que les intervenants doivent travailler en équipe et, surtout, être plus autonomes. « Chaque équipe est composée de six professionnels qui interviennent dans un secteur bien défini, détaille Clément Saint Olive. Les auxiliaires de vie – que nous appelons, nous, les auxiliaires d'envie – sont directement en contact avec les bénéficiaires. Ce sont eux qui réalisent les premières visites au domicile, qui évaluent les besoins en fonction des situations et qui organisent leur propre planning. » Rémunérés 11,70 euros bruts de l'heure – soit environ 14 % de plus que le SMIC – les « auxiliaires d'envie » sont majoritairement employés à temps plein par Alenvi. Leur contrat prévoit des temps de partage rémunérés, afin que chaque équipe puisse se réunir pour échanger sur les situations vécues, les éventuels problèmes rencontrés et trouver des solutions.

« Nous recrutons principalement des auxiliaires de vie diplômés ou, à défaut, des personnes qui ont au minimum trois années d'expérience dans le secteur médico-social, assure Clément Saint Olive. On met aussi l'accent sur la formation continue. En plus des apprentissages techniques sur les gestes et les postures, on leur propose des modules

11. *Buurtzorg* peut être traduit en français par « soins de quartier ». Ce modèle de soins infirmiers à domicile a été fondé au milieu des années 2000 par Jos de Blok, aux Pays-Bas.

plus humains, comme la communication non violente ou l'accompagnement des personnes qui ont des troubles cognitifs. Enfin, on a mis en place une application mobile, qui leur permet, entre autres, d'avoir des informations sur les bénéficiaires et la main sur leur planning. »

À 49 ans, Léa Denise est l'une de ces « auxiliaires d'envie ». Mariée et mère de trois enfants, cela fait un an et demi qu'elle travaille chez Alenvi. « Malgré le salaire qui demeure trop faible, les conditions de travail n'ont rien à voir avec celles où je travaillais avant, me dit-elle. Ici, on est beaucoup plus autonomes : on organise notre emploi du temps et on gère les remplacements directement avec les autres membres de l'équipe. Chacun de nous a aussi plusieurs rôles. Moi, par exemple, je suis référente entretiens et intégration. C'est-à-dire que c'est moi qui reçois les candidats et qui les accompagne, une fois qu'ils sont recrutés, pour leur expliquer le fonctionnement de l'entreprise. »

Les auxiliaires d'envie sont aussi conviés à participer aux comités de pilotage, aux côtés des directeurs et des « coachs équipe ». « L'idée, c'est de sortir du système de gouvernance pyramidale, en impliquant les salariés dans les prises de décision, explique Marie-Emmanuèle, l'une des coachs. Ils peuvent donner leur avis et également parler des problématiques qu'ils rencontrent. La semaine dernière, on a ainsi évoqué la question du glissement des tâches. »

En tant qu'entreprise appartenant à l'économie sociale et solidaire, Alenvi a également mis en place un « tarif social », en plus de l'APA. « Chez nous, le tarif horaire de base est de 27 euros, indique Clément Saint Olive. Mais celui-ci varie en fonction des revenus de chaque bénéficiaire, afin de limiter le reste à charge de ceux qui ont peu de ressources. » Aujourd'hui, l'entreprise intervient uniquement en Île-de-France et à Lyon. Elle fait aussi partie du collectif « L'humain d'abord », qui accompagne les acteurs de l'aide à domicile qui le souhaitent à changer leur organisation sur la base du modèle Buurtzorg.

Rendre le métier d'accueillant familial plus attractif

Pour ceux qui ne désirent pas vieillir seuls chez eux, et qui ne veulent pas non plus aller vivre dans une maison de retraite, des alternatives existent. Mais elles demeurent, hélas, encore peu répandues et méconnues. Parmi elles : les familles d'accueil pour personnes âgées.

Corinne Bruneau m'a donné rendez-vous à 8 heures. En ce matin d'hiver, le soleil est à peine levé. Je traverse la cour de l'ancienne école de la petite commune de La Roche-Rigault dans la Vienne. L'imposant bâtiment en pierres n'accueille plus d'enfants, mais des personnes âgées. La mairie l'a entièrement réhabilité pour le transformer en maison d'accueil familial. C'est ici que vit désormais Corinne, sa famille et ses « accueillis » : Adrienne, 103 ans, et Raymond, 67 ans.

« Entrez, le café est chaud ! » Corinne, petite femme brune au visage rond et lunettes sur le nez, me conduit dans la grande pièce de vie, où Raymond est déjà attablé pour le petit déjeuner. Grand, plutôt mince, les cheveux gris et les yeux rieurs, l'homme m'accueille avec un large sourire. Ancien chauffeur poids lourds, il a passé une grande partie de sa vie à Marseille. Cela fait seulement un mois qu'il habite chez Corinne. « Je voulais me rapprocher de ma fille qui vit à Poitiers, m'explique-t-il. C'est elle qui a eu l'idée de cette famille d'accueil. Avant j'étais en maison de retraite. Je m'y étais fait des amis, mais le confinement a été très dur. On n'avait plus le droit de sortir et puis il y a eu énormément de décès, ça m'a fichu un coup. » Raymond est atteint de la maladie de Huntington, une affection neurodégénérative héréditaire qui provoque des troubles moteurs et cognitifs. Les symptômes sont encore légers, mais il ne peut plus vivre seul. Il a été évalué en GIR 3. Tout comme sa colocataire, Adrienne. Accompagnée par Corinne, la vieille dame nous rejoint à table dans sa robe de chambre parme. Peu bavarde, cette ancienne fermière et mère de cinq enfants ne souffre d'aucune pathologie particulière. Mais la fatigue se lit sur son visage et dans ses gestes. « Adrienne est arrivée ici il y a trois ans, m'explique Corinne. Elle a dû quitter son appartement où elle vivait seule, suite à une mauvaise chute. Je l'aide à se déplacer et à faire sa toilette, mais elle est encore relativement autonome pour son âge. C'est elle qui fait son lit par exemple. Il est fait comme il fait, mais je la laisse le faire à sa manière. C'est important pour préserver son autonomie. »

Il est bientôt 9 heures. Après avoir fumé une demi-cigarette – son petit rituel du matin –, Raymond regagne sa chambre. La maison est scindée en deux niveaux : l'étage, réservé à Corinne et sa famille, et le rez-de-chaussée, où tout le monde prend ses repas et où vivent les accueillis. Chaque personne âgée a sa propre chambre d'une vingtaine de mètres carrés, qu'elle peut meubler et décorer selon ses envies, ainsi qu'une salle de bains privative.

« On va faire votre toilette, Raymond ? demande Corinne en frappant à sa porte. Je commence par la barbe ?

– Allez, d'accord ! »

Cela fait sept ans que Corinne accueille des personnes âgées chez elle. Cette aide-soignante a longtemps travaillé en EHPAD, puis à domicile. « J'avais besoin d'un renouveau, m'explique-t-elle. En structure, je ne supportais plus d'enchaîner 12 toilettes en une matinée, j'avais l'impression de faire du travail à la chaîne. Et, à domicile, je passais mon temps sur la route. Je partais tôt le matin et rentrais tard le soir, c'était épuisant. L'accueil familial c'est un bon compromis. Je peux profiter de ma famille, tout en prenant le temps de m'occuper de mes accueillis. Le gros avantage, c'est que c'est moi qui m'adapte à eux et pas l'inverse. Je n'ai pas vraiment d'horaire à respecter, du coup je m'organise comme je veux. Je peux plus facilement respecter le rythme et les besoins des personnes. » Raymond acquiesce. « C'est vrai que là où j'étais avant, le personnel était toujours pressé et n'avait jamais de temps pour discuter avec nous. Ici, c'est différent. On parle beaucoup. »

Assise dans son fauteuil, un livre à la main, Adrienne, elle, ne semble pas disposée à se laver. « Ce n'est pas grave, me dit Corinne, je ne la force pas, je retenterai un peu après. En général, ça marche ! » Et en effet, une heure plus tard, la toilette est faite.

« Maintenant, il va falloir éplucher les carottes et les pommes de terre, ça vous dit Adrienne ?

– Je suis payée à l'heure j'espère ? plaisante la vieille dame.

– Vous aurez gagné votre repas !

– Ah, c'est déjà ça ! »

Les deux femmes éclatent de rire. Pendant qu'Adrienne épluche les légumes, Corinne s'affaire en cuisine. Elle prépare du saumon au four pour le déjeuner et commence à faire mijoter un osso-bucco pour le dîner.

« Ici, tout est fait maison ! Bon, ça prend pas mal de temps, mais si on est bien organisé, ça va !

– C'est sûr qu'on mange mieux qu'en maison de retraite ! rebondit Raymond, un café à la main. J'ai pris trois kilos en un mois ! Il faut dire que j'avais beaucoup perdu, donc ça va, j'ai de la marge ! »

La matinée se poursuit tranquillement, chacun vaquant à ses occupations. À 12 h 30, David, le mari de Corinne, rentre pour déjeuner. Il est charpentier couvreur. Le couple et son fils, Samuel, étudiant en BTS informatique, prend généralement tous ses repas avec les accueillis. « C'est vrai que c'était un peu déroutant au départ de vivre avec d'autres personnes, me confie David. Mais finalement, on s'habitue vite. C'est très enrichissant de partager tous ces moments ensemble. Nos anciens n'ont pas eu une vie facile, ils ont souvent connu la guerre, ça permet de relativiser ses propres soucis. On se rend compte qu'on est quand même privilégiés par rapport à tout ce qu'ils ont vécu. Pour moi, le plus dur, c'est quand ils partent. Car même si certaines personnes ne restent pas longtemps, on s'attache à elles, forcément. »

En sept ans, Corinne et son mari ont accueilli plus d'une dizaine de personnes âgées. Certaines n'habitent ici que quelques mois, d'autres plusieurs années. Pour elles, cela peut être une étape transitoire entre le domicile et la maison de retraite, mais c'est aussi parfois leur dernier lieu de vie.

Récemment, la famille a ainsi perdu Aliette, 91 ans, décédée suite à un arrêt cardiaque. « Elle n'était parmi nous que depuis un mois, ça a été très brutal », regrette Corinne. Elle me tend une petite carte qu'elle vient de recevoir de la part de la famille d'Aliette et me la lit à haute voix : « Merci de vous être si bien occupé d'Aliette. Elle ne pouvait pas trouver quelqu'un de plus dévoué que vous. Nous sommes contents qu'elle ait pu passer son dernier mois chez vous dans le bien-être. Aliette nous avait dit : "C'est le paradis ici." » Je sens Corinne particulièrement émue. Je lui demande comment elle vit le fait d'être régulièrement confrontée à la mort. « Cela ne me fait pas peur, me répond-elle. Pour moi, c'est même une forme d'aboutissement de pouvoir accompagner mes accueillis jusqu'à la fin. Je leur demande toujours leurs directives. Pour Jeanine, par exemple, l'un de ses souhaits était d'être enterrée avec sa chemise de nuit rose et ses chaussons à paillettes. Pour moi c'est vraiment important de pouvoir respecter leurs volontés. C'est une manière de leur rendre un dernier hommage. »

Le dispositif d'accueil familial existe depuis une trentaine d'années en France, mais il est encore marginal. En effet, le nombre d'accueillants familiaux pour personnes âgées et handicapées est estimé à environ 10 000[12] dans notre pays. Agréés par le Conseil départemental, ces accueillants familiaux peuvent héberger entre une et trois personnes à temps complet, voire quatre s'il y a un couple. En moyenne, seulement 20 000 personnes peuvent donc bénéficier de

12. Étude menée par CetteFamille et Mixing Générations, *Panorama et perspective de l'accueil familial*, juillet 2020.

cette solution d'accueil. Sachant que 40 % des accueillants familiaux n'hébergent que des personnes handicapées de moins de 60 ans, le nombre de places pour les personnes âgées se situe en réalité plutôt autour de 12 000. Un chiffre très faible au regard des quelque 2 millions de Français en perte d'autonomie résidant à domicile ou en maison de retraite.

Pourquoi l'accueil familial est-il si peu répandu ? L'une des principales explications est sans doute le manque de vocations suscitées par ce métier, qui peut s'avérer précaire et contraignant.

Selon l'enquête menée par CetteFamille – une entreprise sociale et solidaire dont le but est de promouvoir et de développer l'accueil familial –, 91 % des accueillants familiaux sont des femmes et 65 % sont issus du secteur médico-social. Avec un âge médian de 56 ans, 40 % ont encore des enfants qui vivent à la maison. Le métier d'accueillant familial est donc souvent un choix de seconde carrière. Premier problème : ces accueillants familiaux peuvent se retrouver en situation de précarité, du fait de leur statut d'indépendant. En effet, la majorité des accueillants familiaux exercent dans le cadre d'un contrat de gré à gré, signé avec chaque accueilli. Leur rémunération est calculée sur la base minimale de 2,5 fois le SMIC, soit environ 25 euros bruts par jour pour chaque personne accueillie, auxquels viennent s'ajouter des indemnités de congés payés, des indemnités liées à la dépendance, des indemnités de frais d'entretien (eau, électricité, chauffage, achat de nourriture, entretien du linge, etc.), ainsi que des indemnités d'hébergement. En moyenne, un accueillant familial perçoit ainsi entre

1 500 et 1 800 euros bruts pour chaque personne accueillie (ce montant comprenant le salaire, les frais d'entretien et les indemnités d'hébergement). Une rémunération jugée trop faible selon les députées Josiane Corneloup et Mireille Robert, auteures d'un rapport sur l'accueil familial[13] datant de décembre 2020. « Toutes les personnes auditionnées par les rapporteuses ont souligné la difficulté financière dans laquelle se trouvent nombre d'accueillants familiaux et relevé une faiblesse de la rémunération qui ne contribue assurément pas à l'attractivité du métier », affirment les deux députées. Elles pointent également les difficultés que peut provoquer le départ brutal d'une personne âgée, les accueillants familiaux n'ayant pas de droit au chômage : « Une situation de précarité peut également survenir en cas de décès de la personne accueillie : cela engendre un préjudice moral, en plus d'une importante perte de revenu pour l'accueillant. Une meilleure sécurisation de l'emploi gagnerait à être instaurée, par exemple en passant par une association afin de trouver une nouvelle personne. En outre, une prime de précarité, égale à 15 jours du prix de la pension, pourrait être créée[14]. »

L'autre problème majeur est celui du temps de repos. Car être famille d'accueil, c'est du 24 heures sur 24, sept jours sur sept. S'il veut partir en vacances ou simplement se reposer un peu, l'accueillant doit donc avoir un remplaçant pour s'occuper de ses accueillis. Et cela peut être compliqué

13. Josiane CORNELOUP et Mireille ROBERT, *Rapport d'information de la commission des affaires sociales en conclusion des travaux de la mission sur l'accueil familial*, décembre 2020.
14. *Ibid.*, p. 32.

à organiser, ainsi que le décrivent les députées : « Deux solutions existent actuellement : soit l'accueilli va chez le remplaçant qui est lui-même agréé, soit le remplaçant vient à domicile et la famille d'accueil s'absente. Le remplacement relève entièrement de la responsabilité de l'accueillant : or, il est difficile de trouver une personne qui vienne à domicile[15]. » Conséquence : de nombreux accueillants familiaux prennent en réalité peu de congés.

Pour le président et fondateur de l'entreprise CetteFamille, Paul-Alexis Racine Jourdren, ce sont ces principales contraintes – l'absence de droit au chômage d'une part, et la difficulté à trouver des remplaçants d'autre part – qui rendent le métier d'accueillant familial si peu attractif aujourd'hui. « Malheureusement l'offre est bien inférieure à la demande, regrette-t-il. Nous avons environ 200 demandes par mois de personnes pour lesquelles on ne trouve pas de familles d'accueil. La solution, selon nous, serait de développer le salariat. Ce statut permet non seulement aux accueillants de bénéficier d'indemnités en cas de départ d'un de leurs accueillis, mais aussi et surtout d'avoir des temps de repos prévus dans leur contrat. »

Depuis 2007, la loi permet en effet aux accueillants familiaux d'être salariés d'une personne morale de droit public ou de droit privé[16], à condition d'avoir l'agrément

15. *Ibid.*, p. 34.
16. Loi n° 2007-290 du 5 mars 2007 instituant le droit au logement opposable et portant diverses mesures en faveur de la cohésion sociale, qui disposait que les accueillants familiaux peuvent désormais être employés par des personnes morales de droit public ou de droit privé.

du département. C'est le cas notamment de Corinne Bruneau. Elle est employée par l'Accueil familial en Vienne, un groupement de coopération médico-social (GCMS) qui regroupe cinq communes. En tant que salariée, Corinne bénéficie d'une petite indemnité en cas de décès ou de rupture de contrat d'un de ses accueillis, le temps de retrouver quelqu'un d'autre. Surtout, son contrat de travail prévoit 107 jours de repos par an, l'équivalent d'une semaine par mois environ. Lorsqu'elle est en repos, une accueillante agréée par le département et également salariée du groupement vient la remplacer à son domicile. « Il y a un petit studio dans la maison pour accueillir la remplaçante, explique Corinne. C'est souvent la même personne, elle connaît toutes les habitudes des accueillis. Pour moi, c'est très confortable, je n'ai pas à me soucier de trouver quelqu'un et je peux partir l'esprit tranquille. Pendant ma semaine *off*, je peux soit rester à l'étage avec ma famille, soit partir en vacances. » Son mari, David, abonde : « Ce temps de repos est hyper important. Cela permet à Corinne de faire une pause, car sinon elle est 24 heures sur 24 au travail, elle ne coupe jamais vraiment. Et cela nous permet aussi de pouvoir voyager et de nous retrouver tous les trois. »

L'autre avantage de ce système est que l'accueillant familial n'a pas à gérer toute la partie administrative. « La facturation, les contrats de travail, les fiches de paies, etc., c'est moi qui m'en occupe », explique Marine Ménier, la référente administrative du groupement. Cela décharge les accueillants de toutes ces tâches-là, qui prennent beaucoup de temps, pour leur permettre de se focaliser uniquement sur les personnes qu'elles accompagnent. » L'Accueil familial en Vienne assure aussi un suivi auprès des six familles d'accueil qu'il regroupe. Une fois par mois environ, Marine rend ainsi visite à Corinne. Cet après-midi-là, autour d'une tasse de café, les deux femmes discutent à bâtons rompus.

« Comment ça va en ce moment ? Le décès d'Aliette n'est pas trop dur ? demande Marine.

– Ce n'est pas évident. En un mois, je m'étais beaucoup attachée à elle. Et puis, un accueilli en moins, malgré les indemnités, c'est tout de même un peu stressant…

– Oui, un décès c'est toujours très difficile à vivre. Il y a la perte affective et la perte financière. Mais je suis sûre qu'on va retrouver quelqu'un rapidement. On a pas mal de demandes en ce moment, notamment des personnes qui veulent sortir leur parent d'EHPAD. Avec la crise sanitaire, beaucoup de familles trouvent les mesures trop strictes.

– Ah oui, c'est sûr qu'ici on vit plutôt normalement ! »

La crise sanitaire n'a, en effet, pas changé grand-chose au quotidien de Corinne et de ses accueillis. Comme dans toute cellule familiale, il n'y a pas de masque à porter, ni de geste barrière à respecter. « Durant le confinement, les personnes âgées n'étaient pas isolées dans leur chambre, explique Corinne. Elles continuaient de mener leur vie librement dans la maison et de profiter du jardin. »

Multiplier les offres d'habitats alternatifs

À l'instar de l'accueil familial, des alternatives à l'EHPAD et au maintien à domicile se développent un peu partout en France. Un nouveau modèle d'habitat est notamment plébiscité par de nombreux acteurs et soutenu par le gouvernement : l'habitat API (accompagné, partagé et inséré dans la vie locale), également appelé habitat inclusif[17]. Pour Denis Piveteau et Jacques Wolform, auteurs d'un rapport sur le sujet[18], l'habitat inclusif est « une sorte de troisième voie », qui permet de « vivre chez soi sans être seul ». Il s'adresse à « des personnes qui font le choix de vivre ensemble, en ayant chacune leur logement et en partageant un projet de vie qui sera accompagné (par des professionnels ou des bénévoles), partagé (entre eux) et inséré dans la vie locale du village, du bourg, du quartier[19] ». Ce type d'habitat offre ainsi aux personnes âgées la possibilité de se loger, de partager certains temps de la vie quotidienne et d'être soutenues et stimulées dans leur autonomie.

L'un des exemples d'habitat inclusif qui se développe le plus ces dernières années est porté par la société Âges et Vie. À son origine, au milieu des années 2000, il y a trois Francs-Comtois : Simon Vouillot, Nicolas Perrette et Thierry Morel. Âgés d'une trentaine d'années à l'époque, aucun d'entre eux ne travaille alors dans le secteur médico-social. Le premier est ingénieur, le deuxième professeur de comptabilité et le troisième banquier. « On est partis du constat qu'il n'existait quasiment aucune alternative à l'EHPAD lorsqu'on ne pouvait plus rester chez soi, explique Simon Vouillot. On

17. Introduit en droit par la loi ELAN du 23 novembre 2018, « l'habitat inclusif est destiné aux personnes handicapées et aux personnes âgées qui font le choix, à titre de résidence principale, d'un mode d'habitation regroupé, entre elles ou avec d'autres personnes, [...] et assorti d'un projet de vie sociale et partagée » (article L.281-1 du Code de l'action sociale et des familles).
18. Denis PIVETEAU et Jacques WOLFORM, *Demain, je pourrai choisir d'habiter avec vous !*, juin 2020.
19. *Ibid.*, p. 89.

s'est alors demandé : dans quel milieu on aurait envie de vieillir ? Et on a décidé de bâtir une offre en fonction de ce qu'on avait envie de faire. C'était une démarche un peu égocentrique au départ. Mais on s'est dit : si ça nous plaît, ça plaira forcément à d'autres ! » Les trois copains imaginent alors une petite maison, située au cœur d'un village, composée au rez-de-chaussée d'une grande pièce de vie avec une cuisine ouverte et de logements individuels tout autour. À l'étage, des appartements « classiques », pour accueillir notamment les auxiliaires de vie et leurs familles. « L'idée était de pouvoir cohabiter à sept ou huit, de pouvoir partager ensemble les repas et certaines activités, de mutualiser les offres de soins et d'accompagnement, tout en préservant l'intimité de chacun, explique Simon Vouillot. Mais le plus important, c'était aussi de proposer quelque chose d'accessible, pas plus cher qu'un hébergement en EHPAD. »

Leur première maison voit le jour en 2008 à Montfaucon, dans le Doubs. Douze ans plus tard, il en existe près d'une centaine, réparties sur 50 sites. Le concept séduit beaucoup. Il est même soutenu par le groupe Korian, devenu actionnaire d'Âges et Vie en 2018. « Korian nous apporte des fonds pour nous développer, mais c'est nous qui restons aux manettes, précise Simon Vouillot. Notre défi, désormais, c'est de construire des maisons un peu partout en France. Fin 2021, on prévoit d'avoir des maisons sur 80 sites dans une vingtaine de départements. »

Comment fonctionne concrètement ce type d'habitat ? À qui s'adresse-t-il ? Quels en sont les avantages mais aussi les limites ? C'est ce que j'ai voulu savoir en me rendant dans l'une des maisons gérées par Âges et Vie, dans le village du Deschaux, dans le Jura.

Le Deschaux est une petite commune de 1 000 habitants. À quelques minutes à pied du centre du bourg, juste à côté d'une crèche, se trouvent deux grandes maisons. Dans chacune d'elles cohabitent huit personnes âgées, dont le degré d'autonomie varie du GIR 4 au GIR 2, et qui ne pouvaient plus rester seules chez elles. Pour les accompagner au quotidien, six auxiliaires de vie se relaient, sept jours sur sept et 24 heures sur 24. Ce matin-là, c'est Nathalie qui m'accueille. « Bienvenue chez nous ! Je vais prendre votre température », me dit-elle, un large sourire aux lèvres. Cette dame d'une cinquantaine d'années, aux cheveux gris argenté et aux yeux clairs, est la responsable de maison. Elle habite avec son conjoint dans un appartement de quatre pièces situé à l'étage, mais elle passe une grande partie de ses journées au rez-de-chaussée avec les colocataires.

Une fois ma température relevée et mon nom inscrit sur le registre, je pénètre dans la pièce de vie. Baignée de lumière grâce à deux grandes baies vitrées, celle-ci se compose d'un double séjour et d'une cuisine ouverte, décorés sobrement avec du mobilier moderne en bois clair. Une légère odeur d'oignons me chatouille les narines. Nathalie, tablier noué à la taille, est en train de préparer un hachis Parmentier pour le déjeuner. « On fait les courses deux fois par semaine, m'explique-t-elle. On essaie de privilégier les petits commerces. La viande vient du boucher, le pain du boulanger et le fromage de la fruitière. Pour le reste, on va chez Leclerc ou chez Lidl et on achète les légumes à Grand Frais. » Près d'elle, Gisèle et Marie-Claude, deux octogénaires, épluchent des carottes et des poireaux pour le potage du soir. Dans le coin salon, assis sur le grand canapé gris, Stéphane et Paul, les deux hommes de la maison, regardent la télévision. Ils sont bientôt rejoints par une petite dame qui se déplace à l'aide d'un déambulateur. « Ah tiens, voilà Renée ! » Ici tout le monde s'appelle par son prénom. L'ambiance est chaleureuse et familiale.

« Gisèle, Marie-Claude, vous voulez bien m'aider à mettre le couvert ? » demande Nathalie. Les deux femmes s'empressent de disposer les assiettes sur la table. « Il n'y a aucune obligation, me précise la responsable de maison. Chacun participe, selon ses envies, à la vie de la colocation. La seule règle, c'est de prendre tous les repas en commun. En dehors de ces temps collectifs, chacun peut sortir comme il veut ou rester dans sa chambre s'il le souhaite. Venez, je vais vous montrer le reste de la maison. » De part et d'autre de la pièce de vie, deux couloirs mènent aux huit chambres des locataires.

« Bonjour Jeanine, on peut visiter votre chambre ?

– Oui, si vous voulez ! »

Dotée d'une salle de bains privative, la pièce est très spacieuse. Je suis particulièrement surprise par sa clarté. « Chaque chambre fait environ 30 mètres carrés et possède au moins deux grandes fenêtres, ce qui permet d'accéder directement à l'extérieur, détaille Nathalie. Les locataires peuvent évidemment apporter leurs meubles, les disposer où bon leur semble et décorer la pièce à leur goût. »

À midi, les huit locataires se retrouvent autour de la grande table pour déjeuner tous ensemble. Cela fait bientôt quatre mois qu'ils habitent sous le même toit. Atteints de troubles cognitifs plus ou moins importants, ils relèvent principalement des GIR 3 et 4. Aucun d'entre eux n'est en fauteuil roulant, mais la plupart ont des difficultés à se déplacer et ont besoin d'aide pour les actes de la vie quotidienne, notamment la toilette.

« Paul, je vous sers un peu de vin rouge?, propose Nathalie.

– Oui, s'il vous plaît !

– Vous aimez bien l'andouille ? Je vous mets un ou deux morceaux ?

– Un seul merci ! »

Nathalie fait le service et aide ceux qui en ont besoin à couper leur viande. Elle mange aussi avec eux. « C'est important, me dit-elle. L'idée c'est de recréer une ambiance familiale. »

Après le repas, chacun vaque à ses occupations. Paul et Stéphane reprennent leur place dans le canapé, Jeanine préfère aller se reposer dans sa chambre et Marie-Claude, elle, sort faire quelques pas dehors. Quant à Gisèle et Renée, elles restent à table bavarder un peu.

« Comment vous sentez-vous ici ? je leur demande.

– Oh on est bien ! me répond d'emblée Gisèle.

– Qu'est-ce qui vous plaît ?

– Tout ! C'est comme une famille ! »

Originaire de la région, Gisèle, le dos légèrement voûté, les cheveux gris courts et un petit foulard fuchsia noué autour du cou, me raconte avoir tenu une ferme avec son mari. « On faisait un peu de tout. Et à l'époque, on trayait les vaches à la main, vous savez ! Et on n'avait jamais de dimanche. Enfin, ça nous plaisait, on n'était pas à plaindre ! » Lorsque son mari est décédé, Gisèle a décidé de venir s'installer ici. Tout comme Renée, petite dame frêle, les cheveux retenus par un serre-tête. « C'était pas drôle d'être toute seule toute la journée, de manger seule devant ma télé, raconte Renée. En plus, je perds la vue, je ne vois presque plus, alors je tombais souvent et j'étais obligée d'appeler les pompiers. C'est ma fille qui m'a conseillé cet endroit. C'est sûr qu'au début, ça a été très dur. Quitter sa maison, se séparer d'une partie de ses meubles pour se retrouver avec d'autres personnes qu'on ne connaît pas… C'est vraiment pas évident. Mais finalement, je me plais bien ici. C'est mieux qu'en maison de retraite, car on est beaucoup moins nombreux. On se sent chez nous, on est libre de rester seul ou d'être avec les autres, on fait comme on veut. D'ailleurs, on s'entend plutôt bien, on mange ensemble, on discute, on s'entraide. Tout le personnel s'occupe bien de nous, les filles sont très gentilles. Et je sais que s'il m'arrive quelque chose, il y a toujours quelqu'un, ça me rassure. »

Renée me fait voir sa montre, équipée d'une alarme. Tous les locataires en ont une pour pouvoir appeler en cas de problème. « Ils ne sont jamais seuls. La nuit, il y a toujours une auxiliaire de vie d'astreinte, explique Nathalie en rangeant les assiettes dans le lave-vaisselle. Si un locataire appelle, on est là dans les cinq minutes. Au début, on était très souvent réveillées en pleine nuit, car ils n'avaient pas encore leurs repères et ils avaient besoin d'être rassurés, mais maintenant ça va beaucoup mieux. » Les locataires peuvent utiliser leur alarme autant qu'ils veulent la journée. Mais la nuit, pour éviter les abus, ils ont droit à quatre appels gratuits par mois. Ensuite, c'est 15 euros par appel.

C'est là l'une des limites de ce dispositif. En effet, contrairement à un EHPAD, où des aides-soignants font plusieurs rondes par nuit pour s'assurer que tous les résidents sont en sécurité et qu'ils n'ont besoin de rien, ici, les appels nocturnes trop fréquents peuvent s'avérer onéreux. « Il est clair que pour quelqu'un qui se réveille toutes les nuits et qui a besoin en permanence d'être rassuré, ce type de maison ne sera pas adapté, reconnaît Simon Vouillot. Tout simplement parce qu'on ne propose pas de service actif la nuit. L'autre limite – mais c'est aussi l'intérêt de ce type d'habitat – c'est qu'il s'agit d'un lieu ouvert. Tous les colocataires ont un accès sur l'extérieur depuis leur chambre et sont libres d'aller et venir. C'est quelque chose que nous avons pensé et voulu, mais qui, de fait, ne sera pas approprié pour une personne très désorientée ayant tendance à fuguer. »

« Ah voilà la Paulette avec sa Betsy ! » Paulette habite la maison juste à côté. Elle ne se sépare jamais de sa petite chienne. Un pinscher nain noir, qui partage sa vie depuis 16 ans. Une main appuyée sur sa canne, l'autre tenant fermement le bras de Pascale, une auxiliaire de vie, Paulette vient jouer au loto. Tous les après-midi, les locataires des deux maisons se réunissent pour les activités. « Enfin, ceux qui veulent bien sûr, car on n'oblige personne ! » rappelle Pascale.

« Qui veut participer ? Il y a des chocolats à gagner ! Marie-Claude, ça vous dit ? Et vous Paul ?

– C'est que j'y vois plus très clair…

– C'est pas grave ça, on va vous aider ! Allez Paul, installez-vous, lui dit Raphaëlle, une autre auxiliaire de vie. Vous allez voir, on va gagner ! »

Finalement, c'est Stéphane qui rafle pratiquement tous les lots. Mais, en bon gentleman, il offre un paquet de chocolats à Marie-Claude qui, elle, n'a rien eu.

Après le loto, une partie des locataires se retrouve pour un petit goûter. Ce jour-là, il y a une tarte aux pommes. « On leur prépare un gâteau différent tous les jours », m'explique Raphaëlle. Âgée d'une trentaine d'années, elle habite à l'étage d'une des maisons avec ses trois enfants. Avant de venir ici, elle a travaillé pendant 12 ans en maison de retraite comme faisant fonction d'aide-soignante. « Cela n'avait rien à voir, m'assure-t-elle. Là où j'étais avant, on n'avait vraiment pas assez de temps pour s'occuper des personnes, j'avais l'impression d'être dans une usine à vieux! Moi ça m'a carrément dégoûtée. Du coup, j'ai démissionné et je suis partie travailler six mois dans une usine. Et quand j'ai appris qu'une maison s'ouvrait au Deschaux, j'ai sauté sur l'occasion. Ici, j'ai retrouvé le goût de mon métier. Ce qui me plaît, c'est l'aspect familial. Comme les locataires ne sont pas nombreux, on a le temps de faire les choses correctement, on n'a pas besoin de les presser pour tout. Au contraire, on partage beaucoup de temps avec eux, on discute, on apprend à les connaître. On crée de vraies relations. Après, c'est vrai qu'en vivant sur place, on a parfois du mal à couper. Même quand je suis en repos, ça m'arrive de passer les voir. »

Contrairement aux intervenants à domicile ou aux accueillants familiaux, ici, les auxiliaires de vie ne sont jamais seules. Comme il y a deux maisons côte à côte et qu'il y a toujours au minimum une auxiliaire de vie dans chaque maison, elles peuvent facilement s'entraider et s'épauler. Tous les matins, une auxiliaire de vie supplémentaire vient également en renfort dans chaque maison pour aider les résidents à faire leur toilette. Pour tout ce qui concerne les soins et la préparation des médicaments, les locataires peuvent faire venir des infirmiers libéraux. « Pour moi, c'est le bon compromis entre le domicile et l'EHPAD, affirme Nathalie, la responsable de maison. Les locataires peuvent finir leur vie ici, si leur état le leur permet. Dans la maison de Montfaucon où j'étais juste avant, j'ai ainsi accompagné une mamie de 105 ans qui m'avait dit : "Je veux mourir ici, entourée." Avec les filles de l'équipe, on a tout fait pour exaucer son vœu. On s'est même relayées la nuit à son chevet pour qu'elle ne soit pas seule. »

En comptant le logement, les frais de nourriture et d'entretien, ainsi que l'emploi des auxiliaires de vie, le coût pour habiter dans ce type de maison s'élève à 2 400 euros par personne. Une fois les aides déduites[20], le reste à charge moyen revient à environ 1 600 euros par mois, selon Simon Vouillot, l'un des fondateurs d'Âges et Vie.

Bien d'autres formes d'habitat inclusif existent aujourd'hui, portées par une multitude d'acteurs publics, associatifs ou privés. Ainsi, sous l'impulsion de deux femmes dont les conjoints souffraient de la maladie d'Alzheimer, l'association les Petits Frères des Pauvres et la Fondation Bersabée ont fondé la Maison du Thil. Située à Beauvais, dans l'Oise, cette

20. Sous conditions de ressources, les personnes résidant dans ce type d'habitat peuvent bénéficier de l'Allocation personnalisée d'autonomie (APA), de l'Aide personnalisée au logement (APL) et de l'Aide à la vie partagée (AVP).

grande demeure bourgeoise, entourée d'un jardin de 2500 mètres carrés, est dédiée aux personnes atteintes de maladies neurodégénératives de type Alzheimer. Sept locataires, âgés de 74 à 96 ans, y cohabitent sous la surveillance permanente d'auxiliaires de vie. « Ici, les personnes ne sont pas enfermées, elles sont libres d'aller et venir comme elles veulent dans la maison et le jardin, indique Blandine Binet, l'animatrice du projet de vie sociale et partagée de la maison du Thil. Mais du fait de leur maladie, elles requièrent énormément de vigilance et d'attention, c'est pourquoi il y a toujours au minimum deux auxiliaires de vie présentes avec elles dans la journée. Et la nuit, une auxiliaire de vie reste veiller dans le salon, car beaucoup de locataires se lèvent et ont besoin d'être rassurés. » En plus des auxiliaires de vie, qui accompagnent les locataires pour tous les actes de la vie quotidienne, des bénévoles des Petits Frères des Pauvres viennent proposer des animations, comme de la gym douce ou de la médiation animale. Les familles sont également invitées à participer à la vie de la colocation. Pour s'assurer que « tout fonctionne », plusieurs fois par semaine, l'animatrice du projet de vie sociale et partagée vient aussi passer du temps avec les personnes âgées et les différents intervenants. « Je suis la garante du projet, explique Blandine Binet. Mon rôle est de veiller au bien-être des colocataires, de mettre en place des activités et des animations adaptées à leurs besoins, qu'elles soient collectives ou individuelles, et de gérer tout l'aspect administratif de la maison. »

Le principal intérêt de cette maison est sans conteste l'accompagnement individuel dont bénéficient les personnes âgées. En raison d'un taux d'encadrement très élevé[21], elles

21. Sept au total, les auxiliaires de vie se relaient sept jours sur sept et 24 heures

sont beaucoup plus stimulées qu'en maison de retraite, ce qui permet de préserver leurs capacités. « En général, lorsqu'elles arrivent ici, les personnes relèvent des GIR 3 ou 4, précise Blandine Binet. Elles ne peuvent plus vivre seules à leur domicile, mais elles ont encore une certaine autonomie. Notre but, c'est de maintenir cette autonomie le plus longtemps possible. Évidemment, si leur état évolue au fil du temps, elles peuvent rester dans la maison, tant qu'elles y sont en sécurité et qu'elles ne présentent pas de danger pour les autres. Récemment, un monsieur a ainsi perdu sa motricité suite à un AVC. Sa chambre est au rez-de-chaussée, donc ça ne pose pas de problème. Une autre colocataire doit, elle, être alitée en permanence. Elle ne peut plus participer aux repas et aux temps d'animation collectifs, mais on met en place avec les bénévoles des activités individuelles et elle peut recevoir des visites dans sa chambre. En bref, on s'adapte ! »

Malgré tous les avantages qu'ils offrent, les habitats inclusifs demeurent marginaux. Actuellement, les logements déjà existants permettent uniquement d'accueillir 4 000 personnes. Dans leur rapport, Denis Piveteau et Jacques Wolform indiquent qu'il faudrait multiplier l'offre, afin que 150 000 personnes âgées et handicapées puissent résider dans ce type d'habitat d'ici 2030[22].

Développer l'habitat inclusif, mais aussi d'autres alternatives, est aujourd'hui une nécessité, selon Régis Aubry, chef du pôle Autonomie-Handicap du CHRU de Besançon

sur 24 auprès des sept colocataires. Le taux d'encadrement équivaut ainsi quasiment à un ETP pour une personne âgée.

22. Denis PIVETEAU et Jacques WOLFORM, *op. cit.*

et membre du CCNE. « Il n'y aura jamais de solution universelle qui puisse convenir à tout le monde, indique-t-il. Je ne pense d'ailleurs pas qu'il soit souhaitable de supprimer les EHPAD, à condition bien sûr que leur modèle évolue. Mais l'important, c'est de pouvoir avoir le choix. Si une personne âgée ne peut plus ou ne veut plus être seule chez elle, et qu'elle n'a pas envie d'aller en maison de retraite, elle doit avoir des solutions alternatives. L'offre se diversifie, heureusement, mais c'est encore loin d'être suffisant. »

Changer de regard sur la vieillesse

Enfin et surtout, il faut changer le regard que nous portons sur nos aînés. C'est sans doute l'un des principaux défis de notre société, comme l'a si bien souligné le Comité consultatif national d'éthique : « Le regard que la société porte sur la personne âgée en perte d'autonomie, ou plus généralement sur la vieillesse, s'assimile trop à un *naufrage* et dès lors aboutit à une marginalisation de la personne, à sa dévalorisation, ou encore à son isolement. Nous pouvons et devons penser autrement le vieillissement et les conditions faites aux personnes âgées qui ont, pour la plupart, consacré leurs forces et leurs qualités pour notre collectivité durant leur vie active. Leur disponibilité et leur retour d'expérience sont à prendre en considération de façon plus systématique et respectueuse[23]. »

23. CCNE, *Avis n° 128. Enjeux éthiques du vieillissement. Quel sens à la concentration des personnes âgées entre elles, dans des établissements dits d'hébergement? Quels leviers pour une société inclusive pour les personnes âgées ?*, février 2018.

Beaucoup de professionnels du secteur dénoncent depuis des années cet âgisme ambiant, autrement dit la discrimination envers les plus âgés. Certains politiques en ont aussi fait leur cheval de bataille, telle Audrey Dufeu-Schubert. Avant de devenir députée La République en marche, celle-ci a exercé le métier d'infirmière puis dirigé un établissement de santé. « J'ai pris conscience de l'urgence à lutter contre l'âgisme lors de la crise des Gilets jaunes, m'explique-t-elle. À cette époque, lors de mes déplacements sur le terrain, j'ai senti qu'il existait une fracture générationnelle, les plus jeunes critiquant leurs aînés et inversement. C'est pourquoi j'ai demandé au Premier ministre de l'époque, Édouard Philippe, de me confier une mission parlementaire sur le sujet. » Après avoir mené près de 90 auditions aux quatre coins de la France, Audrey Dufeu-Schubert remet son rapport[24] fin 2019. En introduction de celui-ci, elle écrit : « Le changement de regard ne se décrétera pas. En revanche, celui des représentations doit évoluer. Pourquoi parlerait-on d'ailleurs de changement de regard quand il s'agit en réalité de permettre tout simplement de poser un regard ? Ce qui doit réellement changer, c'est le regard que chacun porte sur son propre vieillissement, ainsi que les représentations collectives pour pouvoir accompagner les transformations inéluctables de nos politiques publiques. »

24. Audrey DUFEU-SCHUBERT, *Réussir la transition démographique et lutter contre l'âgisme*, 2019.

Audrey Dufeu-Schubert en est convaincue, l'âgisme est lié à un déni du vieillissement, lui-même lié à la peur de mourir. « Cette peur influe sur nos comportements individuels, mais aussi sur nos politiques publiques, affirme la députée. De fait, la question de la transition démographique et du vieillissement a longtemps été éludée, car la finitude fait peur ! La crise de la Covid-19 a permis d'accélérer certaines mesures, et je m'en réjouis, mais nous ne devrions pas attendre d'être en période de crise pour agir. Il faut davantage anticiper. » Parce qu'elle ne voulait pas attendre la fameuse loi Grand Âge – promise de longue date pour réformer l'ensemble du secteur – la députée a déposé en mars 2021 une proposition de loi « visant à réussir la transition démographique pour lutter contre l'âgisme ». Condensé des mesures figurant dans son rapport, le projet de loi entend renforcer les droits des plus âgés, notamment ceux qui ont besoin d'une aide à l'autonomie. Il est ainsi proposé de les associer systématiquement dans les prises de décision les concernant. « On a trop tendance à avoir une attitude paternaliste envers les personnes âgées et à penser qu'on sait mieux qu'elles ce qui est bon pour elles. Il faut que celles-ci puissent affirmer leurs propres choix, on ne doit pas choisir à leur place. » La députée suggère également d'organiser, tous les trois ans, une Conférence nationale du grand âge et de l'autonomie, ainsi que des débats éthiques sur les questions posées par le vieillissement et la longévité. Elle souhaite aussi que les médias, au premier rang desquels la télévision, véhiculent des images plus justes de la longévité, loin des clichés « du retraité aisé en voyage » ou « de la personne isolée et vulnérable en EHPAD ».

« En résumé, il faut déprofessionnaliser l'approche du vieillissement, me dit-elle. Ne plus considérer que vieillir est une maladie et redonner une plus grande citoyenneté aux plus âgés. »

Conclusion

Nous sommes en juin 2021. Je termine l'écriture de ce livre. Trois ans tout juste après le début de mon enquête. Durant ces trois années, mon regard sur la vieillesse a considérablement évolué. Je dois bien l'avouer, la question de l'accompagnement des plus âgés n'était pas forcément l'une de mes préoccupations premières au départ. Sans doute faisais-je d'ailleurs preuve d'âgisme sans le savoir ! Nombreux sont les professionnels du secteur, mais aussi les personnes âgées elles-mêmes, à m'avoir demandé ce qui me poussait à écrire un livre sur ce sujet. Comme s'ils étaient eux-mêmes surpris qu'on s'intéresse à eux. Et beaucoup m'ont remerciée de cet intérêt. Je veux les remercier, à mon tour, de la confiance et du temps qu'ils m'ont accordés. Côtoyer nos aînés les plus fragiles et partager le quotidien de ceux qui les accompagnent m'a énormément appris et apporté.

J'ai rencontré des femmes et des hommes exceptionnels. Aides à domicile, auxiliaires de vie, animateurs, psychologues, aides-soignants, infirmiers, médecins, directeurs de services ou d'établissements, mais aussi bénévoles, proches aidants ou encore accueillants familiaux : tous font preuve, le plus souvent, d'un investissement et d'un engagement remarquables, que je tiens ici à saluer.

J'ai aussi découvert qu'il existait des solutions, des alternatives et des dispositifs innovants portés par des acteurs d'une énergie admirable. J'ai vu des vieux heureux, dont la perte d'autonomie ne représentait pas une fatalité, celle-ci se transformant même parfois en richesse : celle de ne plus souffrir d'isolement et de cohabiter à plusieurs, tout en conservant leur intimité et leur liberté.

Il n'empêche, la crise l'a cruellement démontré, le système tout entier est à bout de souffle. Porté à bout de bras par des professionnels passionnés mais usés, il menace à tout instant de s'effondrer. Et nos aînés pâtissent inévitablement de ce manque de moyens.

Suite aux nombreuses grèves menées par le personnel des EHPAD en 2018, une vaste consultation citoyenne sur le grand âge a bien été lancée, aboutissant au rapport de Dominique Libault. Viendront ensuite celui de Myriam El-Khomri et celui d'Audrey Dufeu-Schubert, ainsi que toute une série d'autres rapports cités dans ce livre. Toutes ces études devaient contribuer à la fameuse loi « Grand âge et autonomie », promise au départ à l'automne 2019, et qui n'a eu de cesse d'être repoussée. L'épidémie de la Covid-19 et la crise que nous traversons l'ont encore davantage reportée. Ainsi que l'a déclaré Alain Villez, le président des Petits Frères des Pauvres, « ce énième report est un très mauvais signal sur la place que notre société donne aux aînés[1] ».

Certes, plusieurs mesures ont déjà été prises depuis le début de la crise sanitaire : les accords du Ségur de la Santé

1. Rapport Petits Frères des Pauvres, *Isolement des personnes âgées : les impacts de la crise sanitaire*, mars 2021, p. 22.

permettant la revalorisation des salaires des professionnels des EHPAD, ainsi que la rénovation des établissements; la promesse de l'agrément de « l'avenant 43 » pour revaloriser les métiers du domicile dans le secteur associatif; ou encore la création d'une cinquième branche de la sécurité sociale consacrée à l'autonomie. Mais une réforme de grande ampleur est également nécessaire et plus qu'urgente. À l'heure où j'écris ces lignes, en juin 2021, le ministre des Solidarités et de la Santé, Olivier Véran, a indiqué que le projet de loi « Grand âge et autonomie », rebaptisé « Générations solidaires », pourrait être présenté dans le courant de l'été 2021 en Conseil des ministres afin d'être potentiellement examiné à la rentrée par le Parlement. Si cette loi voit enfin le jour, elle doit être à la hauteur des enjeux du secteur. Et ce, « quoi qu'il en coûte »!

Améliorer le cadre de vie et l'accompagnement de nos aînés participera d'ailleurs à lutter contre les effets désastreux de la Covid-19 ou de toute autre forme d'épidémie. Plus nombreux et mieux formés, les professionnels, en institution comme à domicile, pourront davantage s'occuper de nos aînés et éviter que ceux-ci souffrent d'isolement et de solitude. De même, les habitats alternatifs ont incontestablement servi de rempart contre la propagation du virus. Les personnes vivant dans une famille d'accueil ou dans un logement inclusif ont en effet été beaucoup moins touchées par la Covid-19. La vie en petit nombre, au sein d'une cellule familiale, a aussi permis de les protéger du « syndrome de glissement ». Enfin, repenser le modèle des EHPAD participera à lutter contre la marginalisation et la discrimination des plus âgés d'entre nous, que cette crise a violemment révélées.

Bien d'autres l'ont dit avant moi : la vieillesse n'est pas un naufrage, mais une richesse. Cessons d'avoir peur de vieillir et, par conséquent, de délaisser et de maltraiter nos vieux. Proposons-leur, à toutes et tous, la belle fin de vie qu'ils méritent.

Remerciements

Ce livre n'aurait jamais vu le jour sans la précieuse contribution de nombreuses personnes.

Parmi elles, je souhaiterais tout d'abord remercier les professionnels et les particuliers qui m'ont ouvert leurs portes et m'ont permis de partager leur quotidien : Didier Carles, le personnel de la résidence Saint-Jacques et l'ensemble des résidents ; Valérie Mougeot, Léa et les bénéficiaires de l'association Colchique ; Marie-Pascale Mongaux, ses équipes et les résidents du village des Aubépins ; Nathalie, Alain et Rolande, ainsi que Corinne Bruneau, Adrienne et Raymond, qui m'ont tous accueillie chaleureusement chez eux ; Simon Vouillot et tous les habitants de la maison du Deschaux.

Je tiens aussi à remercier toutes les personnes qui ont accepté de témoigner et de partager leur histoire, parfois dans des circonstances très douloureuses. Sans oublier celles et ceux qui m'ont apporté leur aide durant mon enquête, et notamment Anne-Sophie Pelletier, Hella Kherief, Ilhame Santou, Guillaume Gobet, Arlette Charlot, Olivia Mokiejewski et l'association Je T'aide.

Toute ma gratitude va également à Jennifer Deschamps et Frédérick Lacroix pour m'avoir proposé de réaliser le documentaire qui est à l'origine de cette vaste enquête; Véronique Blanc pour ses conseils judicieux; Jean-Marie Tricaux, Maud Brunel et Ophélie Meunier pour leur regard avisé; Laura, pour son aide et sa témérité; ainsi que toute l'équipe de production de KM.

Un immense merci à Brigitte et Pierre-Yves pour leur soutien sans faille et leur relecture critique.

Enfin, je remercie particulièrement Jean Muller, Agnès Vidalie et les Éditions du Rocher pour leur confiance et l'immense liberté qu'ils m'ont accordée dans l'écriture de ce livre.

Table

Introduction 7

La crise sanitaire, révélatrice d'un système à bout de souffle 13

Un État désarmé et des maisons de retraite « abandonnées » ... 13

Un deuil impossible 21

Des dysfonctionnements préexistants 28

La Rosemontoise : « un vaisseau seul en perdition dans la tempête » 30

Les effets désastreux du confinement dans les EHPAD 38

Des personnes âgées encore plus isolées à domicile 41

Les aides à domicile, les grands oubliés de la crise sanitaire 44

Des proches aidants « laissés-pour-compte » 49

Nos aînés privés de voir librement leurs proches 51

Une France qui n'aime pas ses vieux 58

Des EHPAD en crise 61

Qu'est-ce qu'un EHPAD et combien ça coûte ? 61

Des toilettes au pas de course 63

Deux animatrices pour 165 résidents 71

Les rayons de soleil de Cadours 74

Cinq minutes pour coucher un résident ... 77

« Où est donc passé monsieur Topaz ? » ... 82

Un sentiment de frustration permanent ... 86

Un manque de personnel criant dans tous les EHPAD ... 87

Pourquoi un tel déficit de personnel ? ... 91

Des soignants en souffrance ... 95

Un absentéisme record et du personnel pas toujours remplacé .. 97

Le recours massif aux « faisant fonction » ... 99

« Vous avez déjà fait des toilettes ? » ... 101

« Bienvenue dans le bateau ! » ... 104

Le grand bain ... 108

Le tabou de la maltraitance ... 119

La rentabilité avant tout ... 130

Des aides à domicile et des aidants au bout du rouleau ... 143

Quel accompagnement pour les personnes âgées à domicile ? .. 143

Vingt-quatre heures dans la vie d'une aide à domicile ... 147

Un métier peu rémunérateur et difficile ... 155

Des services d'aide à domicile qui n'arrivent plus à recruter .. 157

Le ras-le-bol des « invisibles » ... 160

Des salaires bientôt revalorisés ? ... 163

Des inégalités selon les départements ... 166

Des vies entre parenthèses 168
Deux aidants sur dix au bord de l'épuisement 173
Un droit au répit encore insuffisant 177
Des associations pour soutenir les aidants 180
La maltraitance à huis clos 183
Quand le maintien à domicile atteint ses limites 189

Quelles solutions pour demain ? 193
Augmenter le personnel et mieux le former 193
Repenser le modèle des EHPAD 195
Développer l'EHPAD « hors les murs » 200
Donner plus d'autonomie aux professionnels du domicile 207
Rendre le métier d'accueillant familial plus attractif 210
Multiplier les offres d'habitats alternatifs 219
Changer de regard sur la vieillesse 231

Conclusion 235

Remerciements 239

Achevé d'imprimer par Présence Graphique,
en août 2021
N° d'imprimeur : 072169717

Dépôt légal : octobre 2021

Imprimé en France